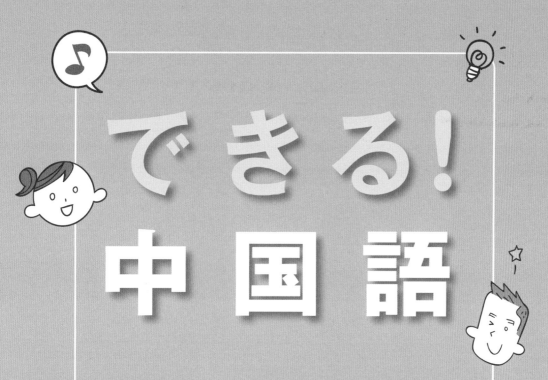

できる！中国語

飯塚君穂／阿部慎太郎

KINSEIDO

🎧 音声ファイル無料ダウンロード

http://www.kinsei-do.co.jp/download/0695

この教科書で 🎧 DL 00 の表示がある箇所の音声は、上記 URL または QR コードにて無料でダウンロードできます。自習用音声としてご活用ください。

- ▶ PC からのダウンロードをお勧めします。スマートフォンなどでダウンロードされる場合は、ダウンロード前に「解凍アプリ」をインストールしてください。
- ▶ URL は、**検索ボックスではなくアドレスバー(URL 表示覧)** に入力してください。
- ▶ お使いのネットワーク環境によっては、ダウンロードできない場合があります。

◎ **CD 00** 左記の表示がある箇所の音声は、**付属 CD** に収録されています。

はじめに

　本テキストは、中国語を初めて学ぶ人のための初級テキストです。１年間で「自己紹介、道案内、レストラン」など大きく９つの場面において、簡単な会話を聞いて話すことができるようになることを想定しております。
　本テキストは次のような特徴があります。

１、発音篇（１～４課）
　発音の基礎はもちろん、数字、月日や挨拶表現も同時に学んでいきます。

２、会話篇（５～１２課、特別編）
　本書は１課ごとに「達成目標（～ができるようになる）」を設けて、それに向かって「文法ポイント」→「会話文」→「実践」と３段階で学習を進めていきます。

３、その他の重要ポイント
　本文で学習できなかった重要ポイントです。２年目以降勉強を続ける方、検定試験を受験する方は学習しておきましょう。

４、関連語彙集
　自分の言葉で表現するには、新出単語、例文の語彙量だけでは足りません。そこで、本書では巻末に「関連語彙集」を掲載しました。１つでも多くの語彙を身につけて、自分の言いたい表現ができるように頑張りましょう。

５、練習問題（別紙：教授用資料）
　別紙、教授用資料に添付されている練習問題で「読む、書く」力を身につけてください。

　「できた！」、「わかった！」、「通じた！」という喜びは、これから皆さんが中国語を継続して勉強する為の大きな活力になります。中国語は日本でもたくさん使う機会はあります。是非、ここで学んだことを実践して中国語が「できる」喜びを味わってください。
　本書の出版に際し、好並晶先生、紅粉芳恵先生、岩田弥生さんから多くの貴重なアドバイスをいただきました。この場を借りて感謝の意を表します。
　また、企画、編集に携わっていただいた金星堂の川井義大氏に心より感謝申し上げます。
　最後に、本書を使用される皆様からの忌憚のないご意見、ご批判をお願い申し上げます。

2014年9月

著者

目次

第 1 課 声調、単母音 …………………………………………………… 07

第 2 課 子音 ……………………………………………………………… 10

第 3 課 複母音、鼻母音 ………………………………………………… 13

第 4 課 声調変化、発音のまとめ ……………………………………… 16

第 5 課 自己紹介をする ………………………………………………… 19

> 達成目標
> ・名前や職業を言ったり尋ねたりできる。
> ・簡単な自己紹介ができる。

1 "是"を用いる文　**2** 主語＋動詞＋目的語　**3** 疑問詞疑問文　**4** "也""都"

会話ポイント (1)名前の聞き方、言い方　(2)名詞＋"的"＋名詞

第 6 課 約束、予定を決める …………………………………………… 25

> 達成目標
> ・予定を言ったり、尋ねたりできる。
> ・普段の生活行動について話すことができる。

1 時間の言い方　**2** 時点の位置　**3** 所有の"有"　**4** 連動文

会話ポイント (1)"吧"　(2)"呢"

第 7 課 電話を掛ける …………………………………………………… 31

> 達成目標
> ・携帯番号を口頭で伝えあうことができる。
> ・電話で連絡をとりあうことができる。

1 "正在〜呢"　**2** 前置詞"给"、"对"　**3** 存在の"在"と"有"　**4** 前置詞"在"

会話ポイント (1)"快要〜了"　(2)電話番号の言い方

第 8 課 カフェ、レストランで注文する ……………………………… 37

> 達成目標
> ・飲食店での基本的なやりとりができる。
> ・メニューを指差しながら自分の食べたい物、飲みたい物を注文できる。

1 数字(100 以上)　**2** 量詞　**3** 助動詞"想"と"要"　**4** "A 还是 B？"

会話ポイント (1)量詞"位"

第9課　観光地、名産品を紹介する ················· 43

> 達成目標
> ・相手の行きたい場所を聞いて、お薦めの観光地を紹介できる。
> ・地元の名産品を簡単な言葉で紹介、説明できる。

1 形容詞述語文　**2** 完了の"了"　**3** 完了の"了"の位置　**4** 経験"过"

会話ポイント　(1)動詞の重ね型　(2)"来"＋動詞

第10課　道案内をする ··· 49

> 達成目標
> ・目的地までの道順や所要時間を尋ねたり、簡単に教えたりできる。
> ・近くのお薦めのお店を紹介し、そこまでの道順や目印を教えることができる。

1 時間量の言い方　**2** 時間量の位置　**3** "从～到…"と"～离…"　**4** 方向に関する表現

会話ポイント　(1)"往"

第11課　ショッピングをする ··································· 55

> 達成目標
> ・簡単な値段交渉ができる。
> ・自分の欲しいサイズや色を伝えたり、在庫確認をしたりできる。

1 変化の"了"　**2** 比較　**3** 結果補語　**4** "一点儿"と"有点儿"

会話ポイント　(1)色に関する言葉　(2)割引の表現

第12課　相手を褒める ··· 61

> 達成目標
> ・褒めたり、褒められたりした時の返答ができる。
> ・友達を紹介したり、紹介してもらったりできる。

1 様態補語　**2** "会"、"能"、"可以"　**3** 持続"着"　**4** 二重目的語

会話ポイント　(1)褒め言葉とその返答　(2)"学了一年"と"学了一年了"

特別編　メールを送る ··· 67

> 達成目標
> ・簡単なメール、手紙の文章を読んだり書いたりすることができる。
> ・中国語でメールを打つことができる。

1 "让"／"叫"　**2** 助動詞"要"と"得"　**3** "就"と"才"　**4** "再"と"又"

その他の重要ポイント ··· 72

関連語彙表 ··· 74

索引 ·· 82

第1課 声調、単母音

〈 基礎 〉

1 声調

◆ 声調とは、音の高低や上り下がりを言う。

◆ 中国語の声調は4つ（第1声〜第4声）。

	第一声	第二声	第三声	第四声
高 低	→	↗	∨	↘
特　徴	・高く ・高さを一定に	・低→高　一気に！ ・驚きの「えー！？」	・低く ・少し短めに	・高→低　一気に！ ・カラスの鳴き声
声調符号	ー	´	ˇ	`
例	妈 mā（お母さん）	麻 má（麻）	马 mǎ（馬）	骂 mà（罵る）

2 軽声

◆ 軽声とは、声調が失われ短く軽い音になったもの。

◆ 軽声には声調符号はつけない。

	第一声＋軽声	第二声＋軽声	第三声＋軽声	第四声＋軽声
高 低	→・	↗・	⌣・	↘・
例	妈妈 māma（母）	爷爷 yéye（祖父）	姐姐 jiějie（姉）	爸爸 bàba（父）

《親族呼称》

爸爸 bàba（父）　妈妈 māma（母）　姐姐 jiějie（姉）　哥哥 gēge（兄）　妹妹 mèimei（妹）　弟弟 dìdi（弟）
［父方］爷爷 yéye（祖父）　奶奶 nǎinai（祖母）　［母方］老爷 lǎoye（祖父）　姥姥 lǎolao（祖母）

3 基本母音

| a | o | i | u | e | ü | er |

a	日本語の「あ」より、口を少し大きく開く。
o	日本語の「お」より、口を小さくすぼめる。
i (yi)	日本語の「い」より口を横にぐっと引く。 数字「1」の発音。
u (wu)	日本語の「う」より口をすぼめストローを吸う時のように前に突き出す。 「タコの口」にならないように。数字「5」の発音。

※ i, u は母音のみの場合、yi, wu と表記する。

e	力を入れず、だらしない口で、 のどの奥から「おー」と声を出す。
ü (yu)	日本語の「う」の口か、口笛を吹く時の口で、 日本語の「い」を言う。
er	日本語の「あ」のような音で発音したあと、 すぐに舌先を上にそりあげる。 数字「2」の発音。

※ ü は母音のみの場合、yu と表記する。
※ er は子音との組み合わせがなく、単独で使う母音。

練習問題

① 一 yī　② 五 wǔ　③ 二 èr　④ 雨 yǔ　⑤ 饿 è（お腹がすく）

〈 発展 〉

数字で練習！（0〜10）　声調を意識して発音してみよう。

一	二	三	四	五	六	七	八	九	十	零（ゼロ）
yī	èr	sān	sì	wǔ	liù	qī	bā	jiǔ	shí	líng

練習問題

第一声	一 yī	三 sān	七 qī	八 bā
第二声	零 líng	十 shí		
第三声	五 wǔ	九 jiǔ		
第四声	二 èr	四 sì	六 liù	

使えるフレーズで練習！　声調、母音を意識して発音してみよう。

(1) A: 你 好。　　　　　　　　B: 你 好。
　　　Nǐ hǎo.　　　　　　　　　　Nǐ hǎo.
　　（こんにちは。）　　　　　　（こんにちは。）

ここに注目！

"你好"のように、第三声が連続すると発音がしにくいので、
第三声＋第三声（ˇ＋ˇ）は 第二声＋第三声（´＋ˇ）で発音する。

(2) A: 再见。　　　　　　　　　B: 再见。
　　　Zàijiàn.　　　　　　　　　　Zàijiàn.
　　（さようなら。）　　　　　　（さようなら。）

表記のルール

声調符号をつける位置は、次の優先順に従ってつける。

優先1	母音が1つの場合 …… 母音の上に　mā nǐ lù
優先2	a がある場合 …… a の上に　bā bǎi bào
優先3	a がない場合 …… o か e の上に　lòu bié
優先4	-iu, -ui, の場合 …… 後ろに　liú duì

※母音 i に声調符号を付ける際、上の点を取って ī í ǐ ì と表記する。

第2課 子音

〈 基礎 〉

1 子音

◆ 子音は全部で21個ある。

◆ 子音 + 母音 + 声調で1つの音になる。

無気音	有気音		
b	p	m	f
d	t	n	l
g	k	h	
j	q	x	
zh	ch	sh	r
z	c	s	

◆ 5つのポイントに注意しよう！

(1) **無気音（b d g j zh z）と有気音（p t k q ch c）の違い**

（例）bō と pō

＜無気音のコツ＞（例）bō	＜有気音のコツ＞（例）pō
・口の近くに当てた手に息がほぼかからない ・日本語の「ボー」のように濁らない	・口の近くに当てた手に息が強くかかる ・日本語の「ポー」よりさらに強く

練習問題

① bō–pō　　② dā–tā　　③ gā–kā　　④ jī–qī

(2) f と h の違い

f：下唇に軽く前歯を当てる。

h：口は開けたまま、喉の奥から。

練習問題

① fā ② hā ③ fǔ ④ hǔ

(3) そり舌音：zh ch sh r

・はじめから舌をそり上げた状態で発音する。

・i は口を横に強く引かずに発音する。r は l の音にならないように。

練習問題

① zhī－chī－shī－rī ② rì－lì ③ zhī－jī ④ zhè－chè－shè－rè

(4) 間違いやすい発音：zi ci si

・ji, qi, xi と間違えて発音しないように。

・口を少し横に引いて「ズー　ツー　スー」。

練習問題

① jī－zī ② qí－cí ③ xì－sì ④ zǐ－zǔ

(5) 表記に注意！jü, qü, xü は、ju, qu, xu！

・ü の前に j, q, x がくる場合、ü は u と表記する。（他に -ue, -uan, -un がある）

練習問題

① jū－qū－xū ② jué－qué－xué ③ juǎn－quǎn－xuǎn ④ jùn－qùn－xùn

〈 発展 〉

数字で練習！（11 〜 99）　　子音を意識して発音してみよう。

| 十一 | 十二 | … | 二十 | 二十一 | 二十二 | 二十三 | … | 九十九 |
| shíyī | shí'èr | | èrshí | èrshiyī | èrshi'èr | èrshisān | | jiǔshijiǔ |

"二十一"のように間に挟まれている"十"を発音する時は、軽声で発音する

使えるフレーズで練習！　　子音を意識して発音してみよう。

(1) A: 谢谢。　　　　　　　　B: 不谢。／不客气。
　　　Xièxie.　　　　　　　　　　Bú xiè. ／ Bú kèqi.
　　（ありがとう。）　　　　　（どういたしまして。）

(2) A: 对不起。　　　　　　　B: 没关系。
　　　Duìbuqǐ.　　　　　　　　　Méi guānxi.
　　（ごめんなさい。）　　　　（気にしないで。かまいませんよ。）

第3課　複母音、鼻母音（-n、-ng で終わるもの）

〈 基礎 〉

1 複母音

DL 09
CD 09

◆ 母音が2つ以上重なっているもの

ai	ao	ou	ei	
ia (ya)	ie (ye)	ua (wa)	uo (wo)	üe (yue)
iao (yao)	iou (you)	uai (wai)	uei (wei)	

※ i, u, ü で始まるものは、母音のみの場合（　）内の表記にする。

ここに注目!

(1) ei と ie：ei と ie の e は日本語の「エ」に近い音で発音する。

　　ei　累 lèi（疲れる）　飞 fēi（飛ぶ）　杯 bēi（〜杯）

　　ie　谢谢 xièxie　姐姐 jiějie　爷爷 yéye

(2) iu と ui：実は iou と uei！

　　iu　発音は iou と o を軽く入れるが、表記で o は消える。
　　　　六 liù　九 jiǔ　休息 xiūxi（休憩する）

　　ui　発音は uei と e を軽く入れるが、表記で e は消える。
　　　　对 duì（その通り、そうです）　贵 guì（値段が高い）　会 huì（できる）

(3) iao(yao) は、まずは i の口から！：i の口にしてから ao と発音する気持ちで。

　　票 piào（切符、チケット）　学校 xuéxiào（学校）　要 yào（いる、ほしい）

2 鼻母音（-n, -ng で終わる音）

(1) -n で終わる

an	en	ian (yan)	in (yin)
uan (wan)	uen (wen)	ün (yun)	üan (yuan)

※母音のみの場合（　）内の表記にする。

・-n で終わる：舌先を上歯の裏にあてて「ん」を言う。

・-an：日本語の「あんない（案内）」に近い

ここに注目！

-ian は、「ィアン」ではなく「ィエン」と発音する。
　面 miàn（麺類）　先 xiān（先に、まず）　钱 qián（お金）

(2) -ng で終わる

ang	eng	ong	iang (yang)
ing (ying)	uang (wang)	ueng (weng)	iong (yong)

※母音のみの場合（　）内の表記にする。

・-ng で終わる：口を開けたまま「ん」を言う。

・-ang：日本語の「あんがい（案外）」に近い。

練習問題

① mán － máng　② bān － bāng　③ fēn － fēng　④ xiàn － xiàng

〈 発展 〉

数字で練習！（月日、曜日の言い方）　-n と -ng を意識して発音してみよう。

星期一	星期二	星期三	星期四	星期五
xīngqīyī	xīngqī'èr	xīngqīsān	xīngqīsì	xīngqīwǔ
（月曜日）	（火曜日）	（水曜日）	（木曜日）	（金曜日）

星期六	星期天	星期几
xīngqīliù	xīngqītiān	xīngqījǐ
（土曜日）	（日曜日）	（何曜日）

(1)　A: 今天　星期几？　　　　　B: 今天　星期四。
　　　Jīntiān xīngqījǐ?　　　　　　Jīntiān xīngqīsì.
　　　（今日は何曜日ですか。）　　　（今日は木曜日です。）

◆**関連語句**

前天	昨天	今天	明天	后天
qiántiān	zuótiān	jīntiān	míngtiān	hòutiān
（一昨日）	（昨日）	（今日）	（明日）	（明後日）

使えるフレーズで練習！　-n と -ng を意識して発音してみよう。

(1)　A: 请　坐。　　　　　　B: 谢谢。
　　　Qǐng zuò.　　　　　　　Xièxie.
　　　（どうぞお座りください。）　（ありがとうございます。）

(2)　A: 最近　怎么样？　　　B: 很　好。／还　可以。
　　　Zuìjìn zěnmeyàng?　　　Hěn hǎo. ／ Hái kěyǐ.
　　　（最近どうですか？）　　（良い（元気）です。／まあまあです。）

表記のルール

以下の場合には、最初のピンインを大文字で表記する。

① 固有名詞　：　中国　　　日本　　　北京
　　　　　　　　Zhōngguó　Rìběn　　Běijīng

② 姓、名　　：　山本　明美　　　　张　力伟
　　　　　　　　Shānběn Míngměi　Zhāng Lìwěi

③ 文頭　　　：　请　坐。
　　　　　　　　Qǐng zuò.

第4課 声調変化、発音のまとめ

1 "不 bù"の声調変化

◆ 本来、否定を表す"不 bù"は第４声だが、すぐ後ろにくる漢字が第４声の場合、"不 bú"と第２声に声調変化する。

"不" ＋ 第一声	"不"は第四声で発音する	不吃 bù chī（食べない）
"不" ＋ 第二声		不学 bù xué（勉強しない）
"不" ＋ 第三声		不买 bù mǎi（買わない）
"不" ＋ 第四声	"不"は第二声で発音する	不要 bú yào（いらない）

2 "一 yī"の声調変化

◆ 年月日や序数で使われる場合、"一"は第一声で発音。それ以外は次のように声調変化する。

年月日、序数の場合	"一"は第一声で発音する	一月 yī yuè（一月）
"一" ＋ 第一声	"一"は第四声で発音する	一杯茶 yì bēi chá（一杯のお茶）
"一" ＋ 第二声		一直 yìzhí（ずっと）
"一" ＋ 第三声		一起 yìqǐ（一緒に）
"一" ＋ 第四声	"一"は第二声で発音する	一样 yíyàng（同じである）

数字で練習！（月日の言い方）

～月（～月）： 一月　二月　三月…十二月　几月
　　 yuè　　 yī yuè　èr yuè　sān yuè　shí'èr yuè　jǐ yuè

～号（～日）： 一号　二号　三号…三十一号　几号
　　 hào　　 yī hào　èr hào　sān hào　sānshiyī hào　jǐ hào

(1) A：今天 几 号？　　　　B：今天 二十四 号。
　　 Jīntiān jǐ hào?　　　　 Jīntiān èrshisì hào.
　　（今日は何日ですか。）　（今日は24日です。）

練習問題 次の日付を中国語で言ってみよう。

① 今日の日付　　② 自分の誕生日　　③ クリスマス

〈 発音のまとめ 〉

(1) 声調の組み合わせで練習してみよう。

	第一声	第二声	第三声	第四声	軽声
第一声	今天（今日）jīntiān	中国（中国）Zhōngguó	机场（空港）jīchǎng	音乐（音楽）yīnyuè	哥哥（兄）gēge
第二声	昨天（昨日）zuótiān	足球（サッカー）zúqiú	词典（辞書）cídiǎn	茶叶（茶葉）cháyè	爷爷（祖父）yéye
第三声	北京（北京）Běijīng	美国（アメリカ）Měiguó	手表（腕時計）shǒubiǎo	眼镜（眼鏡）yǎnjìng	姐姐（姉）jiějie
第四声	后天（明後日）hòutiān	棒球（野球）bàngqiú	汉语（中国語）Hànyǔ	电视（テレビ）diànshì	弟弟（弟）dìdi

(2) 子音を注意して発音してみよう。

① 爸爸 bàba　怕 pà（怖い）　哥哥 gēge　可乐 kělè（コーラ）　　　無気音と有気音

② 黑 hēi（黒）　飞 fēi　汉字 Hànzì（漢字）　饭 fàn（ご飯）　　　h と f

③ 知识 zhīshi（知識）　吃 chī　日本人 Rìběnrén（日本人）　　　そり舌音

④ 七 qī　自己 zìjǐ（自分）　四次 sìcì（4回）　　　zi, ci, si

(3) ポイントを注意して発音してみよう。　　　〈ポイント〉

① 累 lèi　姐姐 jiějie　谢谢 xièxie　　　ei と ie

② 六 liù　九 jiǔ　对 duì　　　iu と ui

③ 林 lín（林）　零 líng（ゼロ）　山 shān（山）　上 shàng（上）　　　-n と -ng

④ 年 nián　前天 qiántiān　眼睛 yǎnjing（目）　　　ian の発音

⑤ 一 yī　页 yè（ページ）　音乐 yīnyuè　　　y の表記

⑥ 五 wǔ　我 wǒ　喂 wéi（もしもし）　　　w の表記

⑦ 雨 yǔ　橘子 júzi（みかん）　去 qù（行く）　　　ü の音

(4) **数字を使った練習**：ペアで色々な数字を言い合ってみよう。

① 数字0-10： 零 líng 一 yī 二 èr 三 sān 四 sì 五 wǔ 六 liù 七 qī 八 bā 九 jiǔ 十 shí

② 数字11-99：十一 shíyī 　二十 èrshí 　三十五 sānshiwǔ … 九十九 jiǔshijiǔ

③ 月： 一月 yī yuè 　二月 èr yuè … 十二月 shí'èr yuè 　几月 jǐ yuè

④ 日： 一号 yī hào 　二号 èr hào … 三十一号 sānshiyī hào 　几号 jǐ hào

⑤ 曜日：星期一 xīngqīyī 　星期二 xīngqī'èr … 星期天 xīngqītiān 　星期几 xīngqījǐ

(5) **挨拶表現**：ペアで練習してみよう。

A: 你好。（こんにちは。）　　　　　B: 你好。（こんにちは。）
　 Nǐ hǎo.　　　　　　　　　　　　　 Nǐ hǎo.

A: 再见。（さようなら。）　　　　　B: 再见。（さようなら。）
　 Zàijiàn.　　　　　　　　　　　　　 Zàijiàn.

A: 谢谢。（ありがとう。）　　　　　B: 不谢。／不客气。（どういたしまして。）
　 Xièxie.　　　　　　　　　　　　　 Bú xiè./Bú kèqi.

A: 对不起。（ごめんなさい。）　　　B: 没关系。（気にしないで。）
　 Duìbuqǐ.　　　　　　　　　　　　　Méi guānxi.

A: 请坐。（どうぞお座り下さい。）　B: 谢谢。（ありがとう。）
　 Qǐng zuò.　　　　　　　　　　　　 Xièxie.

A: 最近怎么样？（最近どうですか。）B: 很好。／还可以。（元気です。／まあまあです。）
　 Zuìjìn zěnmeyàng?　　　　　　　　 Hěn hǎo./Hái kěyǐ.

> **表記のルール**

・単語の後ろに"儿"がつくことがある。ピンイン表記は後ろにrをつける。
・最後に舌をそり上げて発音する。発音にはいくつかのパターンがある。

　－ 単語を発音し、そのまま舌をそり上げる： 歌儿 gēr（歌）　画儿 huàr（絵）

　－ 単語のnの音を発音せずに舌をそり上げる： 玩儿 wánr（遊ぶ）　一点儿 yìdiǎnr（少し）

　－ 単語のiの音を発音せずに舌をそり上げる： 小孩儿 xiǎoháir（子ども）　味儿 wèir（味）

　－ 母音を鼻音化して舌をそり上げる： 空儿 kòngr（假）

　－ 単語のiの音をerに変えて発音する： 事儿 shìr（こと、出来事）

第 5 課 自己紹介をする

達成目標
・名前や職業を言ったり尋ねたりできる。
・簡単な自己紹介（名前、学校名、職業など）ができる。

 ポイント　　　 会話文　　　 実践

1 "是"を用いる文

(1) A 是 B。「AはBです。」

我 是 日本人。
Wǒ shì Rìběnrén.
（私は日本人です。）

他 是 学生。
Tā shì xuésheng.
（彼は学生です。）

(2) A 是 B 吗？「AはBですか。」

A：你 是 日本人 吗？
　　Nǐ shì Rìběnrén ma?
　　（あなたは日本人ですか。）

B：是，我 是 日本人。
　　Shì, wǒ shì Rìběnrén.
　　（はい、私は日本人です。）

(3) A 不是 B。「AはBではありません。」

A：你 是 中国人 吗？
　　Nǐ shì Zhōngguórén ma?
　　（あなたは中国人ですか。）

B：我 不 是 中国人，是 日本人。
　　Wǒ bú shì Zhōngguórén, shì Rìběnrén.
　　（私は中国人ではありません、日本人です。）

ここに注目！

・肯定形と否定形を並べても疑問文をつくることができる。
・"吗"はつけない。"不"は軽声で発音する。

A：你 是 不 是 韩国人？
　　Nǐ shì bu shì Hánguórén?
　　（あなたは韓国人ですか。）

B：不 是，我 是 日本人。
　　Bú shì, wǒ shì Rìběnrén.
　　（いいえ、私は日本人です。）

◆人称代名詞

	一人称	二人称	三人称
単数	我 wǒ （私）	你／您 nǐ　nín （あなた）	他／她 tā　tā （彼／彼女）
複数	我们／咱们 wǒmen　zánmen （私たち）	你们 nǐmen （あなたたち）	他们／她们 tāmen　tāmen （彼ら／彼女ら）

・"您"は"你"の敬称。
・"咱们"は話し手と聞き手の両方を含む。

練習問題 次の日本語を中国語に訳してみよう。

① 私は日本人です。　_____

② 彼女は学生ではありません。　_____

2 基本構造　　主語＋動詞（＋目的語）

A: 你　去　吗？　　　　　　B: 我　去。
　　Nǐ　qù　ma?　　　　　　　Wǒ qù.
　（あなたは行きますか。）　　（行きます。）

A: 你　喝　咖啡　吗？　　　B: 我　不　喝　咖啡。
　　Nǐ　hē　kāfēi　ma?　　　　Wǒ　bù　hē　kāfēi.
　（あなたはコーヒーを飲みますか。）（私はコーヒーを飲みません。）

練習問題 次の中国語を日本語に訳してみよう。

① 我　去　星巴克　咖啡。　_____
　　Wǒ qù Xīngbākè kāfēi.

② 我　喝　可口可乐。　_____
　　Wǒ hē Kěkǒukělè.

3 疑問詞を用いる疑問文　　"吗"はつけない

A: 你　是　哪　国　人？　　B: 我　是　日本人。
　　Nǐ shì nǎ guó rén?　　　　Wǒ shì Rìběnrén.
　（あなたはどこの国の方ですか。）（私は日本人です。）

A: 你　吃　什么？　　　　　B: 我　吃　炒饭。
　　Nǐ chī shénme?　　　　　　Wǒ chī chǎofàn.
　（あなたは何を食べますか。）　（私はチャーハンを食べます。）

> **練習問題**　次の日本語を中国語に訳してみよう。

① 彼はどこの国の方ですか。　_____

② あなたは何を飲みますか。　_____

4　副詞の"也、都"　　主語＋"也"／"都"＋動詞

(1) "也 yě"「～も」

　　A: 你 也 是 学生 吗？　　B: 对。
　　　 Nǐ yě shì xuésheng ma?　　 Duì.
　　　（あなたも学生ですか。）　　（そうです。）

　　A: 你 也 去 吗？　　B: 我 也 去。
　　　 Nǐ yě qù ma?　　 Wǒ yě qù.
　　　（あなたも行きますか。）　　（私も行きます。）

(2) "都 dōu"「みんな、ともに～」

　　A: 他们 都 是 北京人 吗？　　B: 是 啊。
　　　 Tāmen dōu shì Běijīngrén ma?　　 Shì a.
　　　（彼らは皆北京の方ですか。）　　（そうですよ。）

　　A: 你们 都 去 吗？　　B: 我们 都 去。
　　　 Nǐmen dōu qù ma?　　 Wǒmen dōu qù.
　　　（あなたたちは行きますか。）　　（行きます。）

ここに**注目**！

「彼らも皆日本人です。」は、"他们 也 都 是 日本人。"と言う。

> **練習問題**　次の日本語に合うように中国語を並べ替えてみよう。

① あなたも要りますか。
　【 要 yào　你 nǐ　吗 ma　也 yě 】
_____

② 両親とも会社員です。
　【 公司职员 gōngsī zhíyuán　父母 fùmǔ　都 dōu　是 shì 】
_____

ポイント　　　　　　　　　会話文　　　　　　　　　実践

会話 (1) 自己紹介をしてみよう

张： 你好，我叫 Zhāng Àilíng。您贵姓？
　　 Nǐ hǎo, wǒ jiào Zhāng Àilíng. Nín guì xìng?

松田：我姓松田，叫松田奈美。
　　　Wǒ xìng Sōngtián, jiào Sōngtián Nàiměi.

　　　你的名字怎么写？
　　　Nǐ de míngzi zěnme xiě?

张： （张爱玲）这么写。
　　 (Zhāng Àilíng) Zhème xiě.

松田：谢谢。
　　　Xièxie.

张： 不客气。认识你很高兴。
　　 Bú kèqi. Rènshi nǐ hěn gāoxìng.

松田：我也很高兴。
　　　Wǒ yě hěn gāoxìng.

会話 (2) 友達を紹介してみよう

张： 松田同学，好久不见！
　　 Sōngtián tóngxué, hǎojiǔ bújiàn!

松田：张同学，好久不见！你们去哪儿？
　　　Zhāng tóngxué, hǎojiǔ bújiàn! Nǐmen qù nǎr?

张： 我们去图书馆。松田同学，他是我同学。
　　 Wǒmen qù túshūguǎn. Sōngtián tóngxué, tā shì wǒ tóngxué.

陈： 你好。我姓陈，叫陈力。
　　 Nǐ hǎo. Wǒ xìng Chén, jiào Chén Lì.

松田：你好。我叫松田奈美。你也是留学生吗？
　　　Nǐ hǎo. Wǒ jiào Sōngtián Nàiměi. Nǐ yě shì liúxuéshēng ma?

陈： 是，我也是留学生。
　　 Shì, wǒ yě shì liúxuéshēng.

(1) "我 姓 松田，叫 松田 奈美。" 名前の聞き方、言い方

① フルネームを尋ねる："叫"＋フルネーム

A: 你 叫 什么 名字？
　 Nǐ jiào shénme míngzi?
　 (お名前は。)

B: 我 叫 井上 麻衣。
　 Wǒ jiào Jǐngshàng Máyī.
　 (井上麻衣と申します。)

② 名字を尋ねる："姓"＋名字

A: 您 贵 姓？
　 Nín guì xìng?
　 (お名前は。)

B: 我 姓 井上。
　 Wǒ xìng Jǐngshàng.
　 (井上と申します。)
　 ※我姓井上，叫井上麻衣。でも良い。

(2) "你 的 名字 怎么 写？" 名詞＋的＋名詞「～の…」

我 的 书　　　　　　　　　　你 的 手机
wǒ de shū　　　　　　　　　nǐ de shǒujī
(私の本)　　　　　　　　　　(あなたの携帯電話)

"的"の後に「人称代名詞、学校、会社、家、友達など」がくる場合、通常"的"は省略することが多い。

她 爸爸 tā bàba（彼女のお父さん）　　你 妈妈 nǐ māma（あなたのお母さん）
我们 公司 wǒmen gōngsī（私たちの会社）　他 家 tā jiā（彼の家）
你们 学校 nǐmen xuéxiào（あなたたちの学校）　我 同学 wǒ tóngxué（私のクラスメート）

名字 míngzi（名）「名前」　怎么 zěnme（代）「どのように」　写 xiě（動）「書く」　这么 zhème（代）「このように」　同学 tóngxué ①「～さん（同級生の名前につける）」　②（名）「同級生」　哪儿 nǎr（代）「どこ」　图书馆 túshūguǎn（名）「図書館」　留学生 liúxuéshēng（名）「留学生」

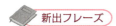

认识你很高兴。Rènshi nǐ hěn gāoxìng.「あなたとお知り合いになれてうれしいです。」
好久不见。Hǎojiǔ bújiàn.「お久しぶりです。」

| ポイント | 会話文 | 実践 |

レベル1 ★☆　友達と自己紹介をする

Aの質問に対して、Bの下線部に自分の答えを入れ、A、B交互に自己紹介してみよう。

A	B
①您贵姓？ 　Nín guì xìng?	①我姓 _____ ，叫 _____ 　Wǒ xìng　　　jiào
②你叫什么名字？ 　Nǐ jiào shénme míngzi?	②我叫 _____ 　Wǒ jiào
③你是哪国人？ 　Nǐ shì nǎ guó rén?	③我是 _____ 　Wǒ shì
④你是哪个大学／高中的学生？ 　Nǐ shì něige dàxué / gāozhōng de xuésheng?	④我是 _____ 大学／高中的 学生。 　Wǒ shì　　　dàxué / gāozhōng de xuésheng.

※ 哪个「どこの」

レベル2 ★★　自己紹介文を考える

この課で学習した表現や巻末語彙表を参考にしながら、30秒程度の自己紹介文を作り、グループで発表しよう。

大家好。
Dàjiā hǎo.

＿＿＿＿＿＿＿＿＿＿＿＿＿＿＿＿＿＿＿＿＿＿

＿＿＿＿＿＿＿＿＿＿＿＿＿＿＿＿＿＿＿＿＿＿

＿＿＿＿＿＿＿＿＿＿＿＿＿＿＿＿＿＿＿＿＿＿

＿＿＿＿＿＿＿＿＿＿＿＿＿＿＿＿＿＿＿＿＿＿

＿＿＿＿＿＿＿＿＿＿＿＿＿＿＿＿＿＿＿＿＿＿

谢谢大家。
Xièxie dàjiā.

※ 大家 dàjiā（みなさん）

第6課 約束、予定を決める

> **達成目標**
> ・予定を言ったり、尋ねたりできる。
> ・普段の生活行動（何時、何曜日に何をするか）について話すことができる。

 ポイント　　　 会話文　　　 実践

1 時間の言い方

点 diǎn（時）	一 点 yī diǎn　两 点 liǎng diǎn … 十二 点 shí'èr diǎn　几 点 jǐ diǎn（何時）
分 fēn（分）	一 分 yī fēn　二 分 èr fēn … 五十九 分 wǔshíjiǔ fēn　几 分 jǐ fēn（何分）
その他	一 刻 yí kè（15分）　半 bàn（30分）　三 刻 sān kè（45分） 早上 zǎoshang（朝）　晚上 wǎnshang（夜） 上午 shàngwǔ（午前）　下午 xiàwǔ（午後）

A: 现在 几 点？
　　Xiànzài jǐ diǎn?
　（今何時ですか。）

B: 两 点 半。
　　Liǎng diǎn bàn.
　（2時半です。）

A: 今天 几 点 下 课？
　　Jīntiān jǐ diǎn xià kè?
　（今日何時に授業が終わりますか。）

B: 今天 下午 四 点 二十 分 下 课。
　　Jīntiān xiàwǔ sì diǎn èrshí fēn xià kè.
　（今日は午後4時20分に授業が終わります。）

> **ここに注目！**
>
> 「年月日、曜日、時間、年齢」などでは、普通"是"を省略する。
>
> A: 明天 星期几？
> 　　Míngtiān xīngqījǐ?
> 　（明日は何曜日ですか。）
>
> B: 明天 星期四。
> 　　Míngtiān xīngqīsì.
> 　（明日は木曜日です。）
>
> A: 你 多 大（了）？
> 　　Nǐ duō dà (le)?
> 　（おいくつですか。）
>
> B: 我 十八 岁（了）。
> 　　Wǒ shíbā suì (le).
> 　（18歳です。）
>
> ※子どもに年齢を聞く場合…你 几 岁（了）？ Nǐ jǐ suì (le)?

 練習問題　中国語を聞いて日本語で答えてみよう。

① _____　② _____　③ _____　④ _____

2 時点の位置

・「時点」とは…"一月、一号、星期一、一点、一分、今天"など

・主語 + 時点 + 動詞　or　時点 + 主語 + 動詞　　動詞より前！

A: 你 今天 几 点 回 家？　　B: 我 今天 八点 半 回 家。
　　Nǐ jīntiān jǐ diǎn huí jiā?　　 Wǒ jīntiān bā diǎn bàn huí jiā.
　　（今日何時に帰宅しますか。）　　（今日は8時半に帰宅します。）

A: 什么 时候 你 去 北海道？　　B: 后天 去。
　　Shénme shíhou nǐ qù Běihǎidào?　　Hòutiān qù.
　　（いつ北海道に行くのですか。）　　（明後日行きます。）

練習問題　次の日本語に合うように中国語を並べ替えてみよう。

① あなたは毎日何時に寝ますか。

【 几点 jǐ diǎn　你 nǐ　睡觉 shuìjiào　每天 měitiān 】

＿＿＿＿＿＿＿＿＿＿＿＿＿＿＿＿＿＿＿＿＿＿＿＿＿＿＿＿＿＿＿＿

② あなたは今晩何時に帰宅しますか。

【 晚上 wǎnshang　几点 jǐ diǎn　回家 huí jiā　今天 jīntiān　你 nǐ 】

＿＿＿＿＿＿＿＿＿＿＿＿＿＿＿＿＿＿＿＿＿＿＿＿＿＿＿＿＿＿＿＿

3 所有を表す "有 yǒu" 「〜を持っている、〜がある」

A: 你 有 自己 的 电脑 吗？　B: 有。
　　Nǐ yǒu zìjǐ de diànnǎo ma?　　Yǒu.
　　（自分のパソコンを持っていますか。）　（持っています。）

A: 你 有 兄弟 姐妹 吗？　　B: 有，我 有 一 个 哥哥。
　　Nǐ yǒu xiōngdì jiěmèi ma?　　Yǒu, wǒ yǒu yí ge gēge.
　　（兄弟はいますか。）　　（はい、兄が1人います。）

　　　　　　　　　　　　　　　　※一个 yí ge（1人）　两个 liǎng ge（2人）

ここに注目！

"有" の否定は "不有" ではなく "没有 méi yǒu"。

A: 星期六 你 有 课 吗？　B: 星期六 我 没 有 课。
　　Xīngqīliù nǐ yǒu kè ma?　　Xīngqīliù wǒ méi yǒu kè.
　　（土曜日あなたは授業がありますか。）　（土曜日は授業がありません。）

練習問題 　Aの質問に対して、Bに自分の答えを入れてみよう。

① A：你 有 姐姐 吗？　　　B：_____
　　　Nǐ yǒu jiějie ma?

② A：你 有 没 有 笔？　　　B：_____
　　　Nǐ yǒu mei yǒu bǐ?
　　　　　　　　　　　　　　　　　　　　　　　　　　　※笔（ペン）

4 連動文（1つの主語に対して、2つ以上の動詞が含まれる文）

我 去 便利店。 ＋ 我 买 饮料。 → 我 去 便利店 买 饮料。
Wǒ qù biànlìdiàn.　　Wǒ mǎi yǐnliào.　　Wǒ qù biànlìdiàn mǎi yǐnliào.
（私はコンビニに行く。）（私は飲み物を買う。）（私はコンビニに飲み物を買いに行く。）

◆ 連動文のルール

①［動詞＋目的語］は意味を考えて！	【去＋便利店】と【买＋饮料】
②動作を行う順に並べる！	コンビニに行く→飲み物を買う
③目的語が１つ or 無い場合も連動文のルールで！	我 去 买 饮料。（私は飲み物を買いに行く。） 我 去 买。　　（私は買いに行く。）

練習問題 　次の日本語に合うように中国語を並べ替えてみよう。

① 私は本屋に雑誌を買いに行きます。
【杂志 zázhì　买 mǎi　去 qù　我 wǒ　书店 shūdiàn】
_____

② 私は今日神戸に昼食を食べに行きます。
【神户 Shénhù　吃 chī　今天 jīntiān　午饭 wǔfàn　我 wǒ　去 qù】
_____

ポイント　　　　　　　　　　　　　会話文　　　　　　　　　　　　　実践

会話 (1)　友達の予定を聞いてみよう

张： 今天 晚上 你 有 空儿 吗?
　　 Jīntiān wǎnshang nǐ yǒu kòngr ma?

　　 咱们 去 吃 晚饭 吧!
　　 Zánmen qù chī wǎnfàn ba!

松田： 对不起，今天 晚上 我 有 事儿。
　　　 Duìbuqǐ, Jīntiān wǎnshang wǒ yǒu shìr.

张： 是 吗, 那 星期天 呢?
　　 Shì ma, nà xīngqītiān ne?

松田： 星期天 行。几 点 去?
　　　 Xīngqītiān xíng. Jǐ diǎn qù?

张： 晚上 六点半，好 吗?
　　 Wǎnshang liù diǎn bàn, hǎo ma?

松田： 好。
　　　 Hǎo.

会話 (2)　友達を家に誘ってみよう

张： 你 明天 不 打工 吧?
　　 Nǐ míngtiān bù dǎgōng ba?

松田： 不 打工。怎么 了?
　　　 Bù dǎgōng. Zěnme le?

张： 明天 我 朋友 来 我家 玩儿。你 也 来 吧!
　　 Míngtiān wǒ péngyou lái wǒ jiā wánr. Nǐ yě lái ba!

松田： 好啊! 那 我 几 点 去 你 家?
　　　 Hǎo a! Nà wǒ jǐ diǎn qù nǐ jiā?

张： 下午 三 点，怎么样?
　　 Xiàwǔ sān diǎn, zěnmeyàng?

松田： 好，没 问题。
　　　 Hǎo, méi wèntí.

> **会話ポイント** (1) "你明天不打工吧？"と"你也来吧！" 2つの"吧 ba"

① 「～ですよね」、「～でしょ」（推量を表す）

A: 你 是 中国人 吧？
Nǐ shì Zhōngguórén ba?
（あなたは中国の方ですよね。）

B: 是 啊。
Shì a.
（そうですよ。）

② 「～しましょう」（催促、勧誘、提案を表す）

A: 走 吧！
Zǒu ba!
（行きましょう！）

B: 好。
Hǎo.
（良いよ。）

A: 咱们 什么 时候 去？
Zánmen shénme shíhou qù?
（私たちいつ行きましょうか。）

B: 星期六 去 吧。
Xīngqīliù qù ba.
（土曜日行きましょうよ。）

> (2) "那 星期天 呢？" 省略の疑問を表す"呢 ne"

文末に"～呢 ne？"をつけることで「～は？」という疑問文になる。

A: 我 叫 西 健太。你 呢？
Wǒ jiào Xī Jiàntài. Nǐ ne?
（西健太と申します。あなたは。）

B: 我 叫 李 浩。
Wǒ jiào Lǐ Hào.
（李浩と申します。）

 新出単語

空儿 kòngr（名）「暇」 晩饭 wǎnfàn（名）「夕食」 有事儿 yǒu shìr「用がある」 行 xíng（動）「よろしい、大丈夫だ」 好 hǎo（形）「よい」 打工 dǎgōng（動）「アルバイトをする」 朋友 péngyou（名）「友達」 家 jiā（名）「家」 玩儿 wánr（動）「遊ぶ」 怎么样 zěnmeyàng（代）「どうですか」 那 nà（那么 nàme）（接）「それじゃあ、では」

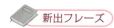 新出フレーズ

是吗。Shì ma.「そうですか。そうなんだ。」
怎么了？ Zěnme le?「どうしたの。」
没问题。Méi wèntí.「問題ないですよ。大丈夫ですよ。良いですよ。」

ポイント　　　　　　　　会話文　　　　　　　　実践

レベル1　★☆　相手の予定を聞く

Aの質問に対して、Bの下線部に自分の答えを入れ、A、B交互に予定を言い合ってみよう。

A	B
① 你 今天 几点 下课？ 　Nǐ jīntiān jǐ diǎn xià kè?	① 我 今天 ＿＿＿＿＿ 点 下课。 　Wǒ jīntiān ＿＿＿＿＿ diǎn xià kè.
② 你 今天 晚上 有 空儿 吗？ 　Nǐ jīntiān wǎnshang yǒu kòngr ma?	② 我 今天 晚上 ＿＿＿＿＿＿＿ 　Wǒ jīntiān wǎnshang
③ 你 星期几 有 汉语 课？ 　Nǐ xīngqījǐ yǒu Hànyǔ kè?	③ 我 ＿＿＿＿＿＿＿＿＿＿＿＿＿ 　Wǒ
④ ＿＿＿＿＿＿＿＿＿＿＿＿＿＿＿＿	④ ＿＿＿＿＿＿＿＿＿＿＿＿＿＿＿＿

レベル2　★★　1日の予定を話す

・自分の1日のスケジュールを書いて、それを相手に口頭で伝える。
・⑤は関連語彙表（p.75）から1つ自由に選んで予定を追加すること。
・相手のスケジュールを聞き取ってメモし、最後に正しいかどうか確認する。

自分のスケジュール	相手のスケジュール
① 起床（起床）：＿＿＿時＿＿＿分 　　qǐchuáng	① 起床：＿＿＿時＿＿＿分
② 早饭（朝食）：＿＿＿時＿＿＿分 or 食べない 　　zǎofàn	② 朝食：＿＿＿時＿＿＿分 or 食べない
③ 上 课（授業開始）：＿＿＿時＿＿＿分 　　shàng kè	③ 授業開始：＿＿＿時＿＿＿分
④ 睡觉（就寝）：＿＿＿時＿＿＿分 　　shuìjiào	④ 就寝：＿＿＿時＿＿＿分
⑤ ＿＿＿：＿＿＿時＿＿＿分	⑤ ＿＿＿：＿＿＿時＿＿＿分

第 7 課　電話を掛ける

達成目標
・携帯番号を口頭で伝え合うことができる。
・電話で連絡（どこにいるか、どこで会うかなど）を取り合うことができる。

ポイント　　　　　　　　　　　　会話文　　　　　　　　　　　　　実践

1　進行を表す"正在～呢"「ちょうど～しているところだ」

"正在 zhèngzài"／"正 zhèng"／"在 zài"＋動詞（＋呢）

A：你 在 看 什么 呢？　　　B：我 在 看 时装 杂志 呢。
　　Nǐ zài kàn shénme ne?　　　　Wǒ zài kàn shízhuāng zázhì ne.
　　（何を読んでいるのですか。）　　（ファッション雑誌を読んでいます。）

A：喂，你 在 干 什么？　　　B：我 正 在 学习 汉语 呢。
　　Wéi, nǐ zài gàn shénme?　　　　Wǒ zhèng zài xuéxí Hànyǔ ne.
　　（もしもし、何をしているのですか。）　　（中国語を勉強しているところです。）

練習問題　次の中国語を「～している（ところ）」の文に変えてみよう。

① 我 看 电视。（私はテレビを観る。）→ ＿＿＿＿＿＿＿＿＿＿＿＿＿＿＿＿＿＿＿
　 Wǒ kàn diànshì.

② 我 吃 晚饭。（私は夕食を食べる。）→ ＿＿＿＿＿＿＿＿＿＿＿＿＿＿＿＿＿＿＿
　 Wǒ chī wǎnfàn.

2　前置詞の"给 gěi"、"对 duì"「～に」

主語 ＋ 前置詞（"给"、"对"）＋ ヒト・モノ・コト ＋ 動詞　　前置詞は動詞の前！

A：明天 你 给 我 打 电话，好 吗？　　B：好。
　　Míngtiān nǐ gěi wǒ dǎ diànhuà, hǎo ma?　　Hǎo.
　　（あなた明日私に電話してもらえますか。）　　（良いですよ。）

A：你 对 什么 感 兴趣？　　B：我 对 中国 的 电视剧 感 兴趣。
　　Nǐ duì shénme gǎn xìngqù?　　Wǒ duì Zhōngguó de diànshìjù gǎn xìngqù.
　　（あなたは何に興味があるのですか。）　　（私は中国のテレビドラマに興味があります。）

31

> **練習問題**　次の日本語に合うように中国語を並べ替えてみよう。

① 今晩電話しますね。
【 晩上 wǎnshang　给 gěi　我 wǒ　电话 diànhuà　你 nǐ　打 dǎ 】
今天 ＿＿＿＿＿＿＿＿＿＿＿＿＿＿＿＿＿＿＿＿＿＿＿＿＿＿＿＿

② あなたは何に興味がありますか。
【 什么 shénme　感 gǎn　对 duì　兴趣 xìngqù　你 nǐ 】
＿＿＿＿＿＿＿＿＿＿＿＿＿＿＿＿＿＿＿＿＿＿＿＿＿＿＿＿＿＿

3　存在を表す"在 zài"と"有 yǒu"「〜にある、〜にいる」

(1) "在 zài"「(モノ) が〜にある、(ヒト) が〜にいる」

（特定の、知っている）モノ・ヒト ＋ "在" ＋ 場所

A: 请问，洗手间 在 哪儿？　B: 在 二 楼。
　　Qǐngwèn, xǐshǒujiān zài nǎr?　　Zài èr lóu.
　　（すみません、お手洗いはどこですか。）　（2階です。）

A: 喂，木下 先生 在 吗？　B: 对不起，他 现在 不 在。
　　Wéi, Mùxià xiānsheng zài ma?　　Duìbuqǐ, tā xiànzài bú zài.
　　（もしもし、木下さんはおられますか。）　（すみません、彼は今おりません。）

(2) "有 yǒu"「〜に（モノが）ある／（ヒト）がいる」

場所 ＋ "有" ＋ （不特定の、知らない）ヒト・モノ　　否定は "没有"。

A: 请问，这 楼 有 洗手间 吗？　B: 这 楼 没 有。
　　Qǐngwèn, zhè lóu yǒu xǐshǒujiān ma?　　Zhè lóu méi yǒu.
　　（すみません、この階にお手洗いはありますか。）　（この階にはありません。）

A: 请问，这儿 有 人 吗？　B: 没 有 人，请 坐。
　　Qǐngwèn, zhèr yǒu rén ma?　　Méi yǒu rén, qǐng zuò.
　　（すみません、ここにはどなたかいますか。）　（いませんよ、どうぞお座りください。）

◆指示代詞「こそあど」

ここ	そこ	あそこ	どこ
这儿 zhèr 这里 zhèli	那儿 nàr 那里 nàli		哪儿 nǎr 哪里 nǎli

> **練習問題** 次の日本語に合うように、下線部に"在"か"有"をいれてみよう。

① この近くに郵便局はありますか。
这 附近 _____ 邮局 吗？
Zhè fùjìn　　　　yóujú ma?

② あなたどこにいますか。
你 _____ 哪儿？
Nǐ　　　　nǎr?

4 前置詞の"在"「～で」　"在"＋場所＋動詞

A: 我们 在 哪儿 见面？
Wǒmen zài nǎr jiànmiàn?
（私たちどこで待ち合わせしますか。）

B: 我们 在 大阪 站 见面 吧。
Wǒmen zài Dàbǎn zhàn jiànmiàn ba.
（大阪駅で待ち合わせしましょう。）

A: 你 在 大学 学 什么？
Nǐ zài dàxué xué shénme?
（大学で何を学んでいるのですか。）

B: 我 在 大学 学 法律。
Wǒ zài dàxué xué fǎlǜ.
（大学で法律を学んでいます。）

> **練習問題** 次の日本語に合うように中国語を並べ替えてみよう。

① あなたは毎日食堂で何を食べるのですか。
【食堂 shítáng　吃 chī　每天 měitiān　什么 shénme　在 zài】
你 _____

② あなたは今日どこで買い物をするのですか。
【在 zài　买 mǎi　今天 jīntiān　哪儿 nǎr　东西 dōngxi】
你 _____

会話(1) 電話番号を聞いてみよう

松田： 爱玲，你的手机号是多少？
　　　Àilíng, nǐ de shǒujī hào shì duōshao?

张： 我的手机号是090-8765-4321。
　　　Wǒ de shǒujī hào shì líng jiǔ líng - bā qī liù wǔ - sì sān èr yāo.

松田： 对不起，请再说一遍。
　　　Duìbuqǐ, qǐng zài shuō yí biàn.

张： 090-8765-4321。
　　　Líng jiǔ líng - bā qī liù wǔ - sì sān èr yāo.

松田： 谢谢。以后给你打电话。
　　　Xièxie. Yǐhòu gěi nǐ dǎ diànhuà.

张： 这儿有无线网络吗？
　　　Zhèr yǒu wúxiàn wǎngluò ma?

松田： 有，密码是 a b c 5 2 0.
　　　Yǒu, mìmǎ shì a b c wǔ èr líng.

会話(2) 電話で話してみよう

张： 喂，我是爱玲。你在干什么呢？
　　　Wéi, wǒ shì Àilíng. Nǐ zài gàn shénme ne?

松田： 我在看电视。怎么了？
　　　Wǒ zài kàn diànshì. Zěnme le?

张： 咱们一起去吃晚饭吧。
　　　Zánmen yìqǐ qù chī wǎnfàn ba.

松田： 好啊。
　　　Hǎo a.

张： 喂，奈美你在哪儿？
　　　Wéi, Nàiměi nǐ zài nǎr?

松田： 对不起，我快到了！请等一下。
　　　Duìbuqǐ, wǒ kuài dào le! Qǐng děng yíxià.

会話ポイント

(1) "对不起，我 快 到 了！" "快要～了"「もうすぐ～になる（～する）」

"快要～了"、"快～了"は"要～了"に比べて時間的に切迫しているニュアンスがある。

我 **快 要** 到 **了**。　（もうすぐ着きます。）
Wǒ kuài yào dào le.

快 结束 **了**。　（まもなく終わります。）
Kuài jiéshù le.

我 **要** 回 家 **了**。　（もう帰ります。）
Wǒ yào huí jiā le.

(2) "090-8765-4321"　電話番号、部屋番号の言い方

電話番号や部屋番号などでは、よく"一"を"yāo"と発音する。

電話番号：０ ９ ０ - **１** ２ ３ ４ - ５ ６ ７ ８
　　　　　líng jiǔ líng - **yāo** èr sān sì - wǔ liù qī bā

部屋番号：我 的 房间 是 ５ ０ **１**。（私の部屋は501です。）
　　　　　Wǒ de fángjiān shì wǔ líng **yāo**.

号（号码）hào (hàomǎ)（名）「番号」　多少 duōshao（代）「いくつ、どのくらい」　以后 yǐhòu（名）「以後」
无线 网络 wúxiàn wǎngluò「無線LAN」　密码 mìmǎ（名）「暗証番号、パスワード」　干 gàn（動）「～をする」
到 dào（動）「到着する、着く」　等 děng（動）「待つ」

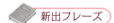

请再说一遍。Qǐng zài shuō yí biàn.「もう一度言ってください。」
请等一下。Qǐng děng yíxià.「少々お待ちください。」

ポイント　　　　　　　　　　会話文　　　　　　　　　　　　　実践

レベル1 ★☆　**電話番号を交換する**

Bには自分の答えを入れて、A、B交互に練習しよう。架空の電話番号でも良い。
Aは聞き取れない場合、もう一度言ってもらおう。

A：你 的 手机 号 是 多少？
　　Nǐ de shǒujī hào shì duōshao?

B：我 的 手机 号 是 _____
　　Wǒ de shǒujī hào shì

A：对不起，请 再 说 一 遍。
　　Duìbuqǐ, qǐng zài shuō yí biàn.

B：_____

レベル2 ★★　**電話で夕食に誘う**

・AがBを電話で夕食に誘う。Bは学校にいる。
・電話での会話を想定して、相手の顔や口が見えないように、背中合わせで会話をする。

◆ 条件　①どこにいるか聞く　②夕食に誘う　③待ち合わせ場所を決める　④時間を決める

A	B
① 喂，你_____ 　　Wéi, nǐ	① _____
② _____	② _____
③ 在 _____ 见面 吧。 　　Zài　　　　　　jiànmiàn ba.	③ 好 啊。那，几 点 呢？ 　　Hǎo a. Nà, jǐ diǎn ne?
④ _____	④ 没 问题。 　　Méi wèntí.

第8課 カフェ、レストランで注文する

> **達成目標**
> ・飲食店での基本的なやりとり（店員を呼ぶ、注文する、支払う）ができる。
> ・メニューを指差しながら自分の食べたい物、飲みたい物を注文できる。

　ポイント　　　　　　　会話文　　　　　　　実践

1 数字（100以上）の言い方

 DL 48~51
 CD 48~51

100 一百 yìbǎi　　　200 二百 èrbǎi

1000 一千 yìqiān　　2000 两千 liǎngqiān

10000 一万 yíwàn　　20000 两万 liǎngwàn

110 一百一（十）yìbǎiyī(shí)　　1300 一千三（百）yìqiānsān (bǎi)

101 一百零一 yìbǎilíngyī　　1001 一千零一 yìqiānlíngyī

◆貨幣単位

中国（人民元）	日本（円）
書き言葉：元 yuán / 角 jiǎo / 分 fēn 話し言葉：块 kuài / 毛 máo / 分 fēn	日元 rìyuán / 日币 rìbì

・1元 = 10角、1元 =100分。　・現在、"分"はほとんど使われていない。

◆指示代詞「こそあど」　　※目的語の位置では"这个"、"那个"、"哪个"しか使えない。

これ	それ	あれ	どれ
这 zhè / 这个 zhè (zhèi) ge	那 nà / 那个 nà (nèi) ge		哪 nǎ / 哪个 nǎ (něi)ge

A: 你 要 哪个 ?
　Nǐ　yào　něige?
　（どれがほしいですか。）

B: 我 要 这个。
　Wǒ　yào　zhèige.
　（これがほしいです。）

ここに注目！

- 話し言葉で「〜元」は、"〜块 kuài" または "〜块钱 kuài qián" という。
- 日常会話では、"块" を省略して数字だけで言う場合もある。

A: 这个 多少 钱？
　　Zhèige duōshao qián?
　　(これいくらですか。)

B: 一百四十 块（钱）。
　　Yìbǎisìshí kuài (qián).
　　(140元です。)

A: 一共 多少 钱？
　　Yígòng duōshao qián?
　　(全部でいくらですか。)

B: 二百一。
　　Èrbǎiyī.
　　(210元です。)

DL 52
CD 52

練習問題 金額を聞き取り、同時に日本円でいくらかも計算してみよう。

① _____ 元 = _____ 円　② _____ 元 = _____ 円　③ _____ 元 = _____ 円

2 量詞　動詞＋【数詞＋量詞＋名詞】　※「1」は声調変化あり、「2」は"两"を使う。

量詞	特徴	例
个 ge	①広く個体　②人	苹果 píngguǒ（リンゴ）　面包 miànbāo（パン）　人 rén
本 běn	書物	书 shū（本）　杂志 zázhì（雑誌）
件 jiàn	①服　②こと、出来事	衣服 yīfu（服）　毛衣 máoyī（セーター）　事儿 shìr（こと）
张 zhāng	平面の目立つもの	纸 zhǐ（紙）　车票 chēpiào（乗車券）　桌子 zhuōzi（机）
把 bǎ	持ち手、取っ手のあるもの	雨伞 yǔsǎn（傘）　刀 dāo（ナイフ）　椅子 yǐzi（イス）
条 tiáo	細長いもの	路 lù（道）　裤子 kùzi（ズボン）　鱼 yú（魚）
杯 bēi	カップを単位に数えるもの	咖啡 kāfēi　红茶 hóngchá（紅茶）　豆浆 dòujiāng（豆乳）
瓶 píng	ビンを単位に数えるもの	可乐 kělè　雪碧 xuěbì（スプライト）　啤酒 píjiǔ（ビール）

A: 你 要 什么？
　　Nǐ yào shénme?
　　(何になさいますか。)

B: 我 要 一 杯 热 咖啡。
　　Wǒ yào yì bēi rè kāfēi.
　　(ホットコーヒー1つください。)

ここに注目！

次のような場合にも量詞が必要。

- 人：一 个 人 yí ge rén（1人）　两 个 人 liǎng ge rén（2人）
- "这"、"那"、"哪"：这 本 书 zhè běn shū（この本）　那 件 衣服 nà jiàn yīfu（あの服）

練習問題 次の日本語に合うように下線部に適当な量詞を入れてみよう。

① 二枚の切手：两 _____ 邮票　　② あのスカート：那 _____ 裙子
　　　　　　　　liǎng　　　yóupiào　　　　　　　　　　　nà　　　　qúnzi

3 助動詞の"想 xiǎng"と"要 yào"「〜したい」　"想"・"要"＋動詞

"要"の方が"想"より「したい」気持ちが強いニュアンスになる。

A：你 想 去 哪儿？　　　　B：我 想 去 中国。
　　Nǐ xiǎng qù nǎr?　　　　　Wǒ xiǎng qù Zhōngguó.
　（どこに行きたいですか。）　（中国に行きたいです。）

A：你 要 吃 什么？　　　　B：我 要 吃 火锅。
　　Nǐ yào chī shénme?　　　　Wǒ yào chī huǒguō.
　（何を食べたいですか。）　（火鍋が食べたいです。）

ここに注目！

否定形「〜したくない」は"不想〜"のみ。

A：你 要 看 电影 吗？　　　B：我 不 想 看。
　　Nǐ yào kàn diànyǐng ma?　　Wǒ bù xiǎng kàn.
　（映画を観たいですか。）　　（観たくないです。）

練習問題 次の問いに否定形「〜したくない」で答えてみよう。

① 你 想 去 台湾 吗？ _____
　　Nǐ xiǎng qù Táiwān ma?

② 你 要 吃 这个 吗？ _____
　　Nǐ yào chī zhèige ma?

4 "A 还是 B？"「A それとも B？」 "吗"は付けない。

A：你 要 喝 咖啡 还是 喝 红茶？　　B：我 要 喝 咖啡。
　　Nǐ yào hē kāfēi háishi hē hóngchá?　　Wǒ yào hē kāfēi.
　（コーヒーそれとも紅茶がのみたいですか。）　（コーヒーが飲みたいです。）

A：你 要 冰 的 还是 要 热 的？　　B：热 的。
　　Nǐ yào bīng de háishi yào rè de?　　Rè de.
　（アイスですか、ホットですか。）　（ホットで。）

練習問題 Aの質問に対して、Bに自分の答えを入れてみよう。

A：在 这边儿 吃 还是 带走？ B：_____
　　Zài zhèbiānr chī háishi dàizǒu?
　（こちらでお召し上がりですか、それともお持ち帰りですか。）

A：你 想 去 冲绳 还是 去 北海道？ B：_____
　　Nǐ xiǎng qù Chōngshéng háishi qù Běihǎidào?
　（あなたは沖縄に行きたいですか、それとも北海道に行きたいですか。）

ポイント　　　　　　　　　会話文　　　　　　　　　実践

会話(1)　カフェで注文しよう

服务员：欢迎 光临！
　　　　Huānyíng guānglín!

松田：要 一 杯 冰 咖啡 和 一 个 三明治。
　　　Yào yì bēi bīng kāfēi hé yí ge sānmíngzhì.

服务员：大 杯 还是 小 杯?
　　　　Dà bēi háishi xiǎo bēi?

松田：小 杯。
　　　Xiǎo bēi.

服务员：一共 五十八 块。
　　　　Yígòng wǔshibā kuài.

会話(2)　レストランで注文しよう

场面1

服务员：欢迎 光临。几 位?
　　　　Huānyíng guānglín. Jǐ wèi?

松田：两 个 人。
　　　Liǎng ge rén.

场面2

张：奈美，你 要 吃 什么?
　　Nàiměi, nǐ yào chī shénme?

松田：我 要 吃 水饺！你 点 菜 吧。
　　　Wǒ yào chī shuǐjiǎo! Nǐ diǎn cài ba.

张：好。服务员！要 两 份 水饺、
　　Hǎo. Fúwùyuán! Yào liǎng fèn shuǐjiǎo、

一 个 炒青菜、还 要 一 个 这个。
yí ge chǎoqīngcài、hái yào yí ge zhèige.

服务员：好 的，请 稍 等。
　　　　Hǎo de, qǐng shāo děng.

场面3

松田：服务员！买单。
　　　Fúwùyuán! Mǎidān.

服务员：一百零八 块。谢谢 光临。
　　　　Yìbǎilíngbā kuài. Xièxie guānglín.

会話ポイント "几位？" 量詞 "位"

"位 wèi" は、（敬意を込めて）人を数える量詞。"几位人" とは言わない。

A: 几 位？
Jǐ wèi?
（何名様ですか。）

B: 四 个 人。
Sì ge rén.
（四人です。）

 新出単語

服务员 fúwùyuán（名）「従業員、店員」(従業員、店員を呼ぶときも "服务员。" という。) 冰咖啡 bīng kāfēi（名）「アイスコーヒー」 三明治 sānmíngzhì（名）「サンドウィッチ」 大杯 dàbēi「大きいサイズ（のカップ）」 小杯 xiǎobēi「小さいサイズ（のカップ）」 水饺 shuǐjiǎo（名）「水餃子」（"锅贴儿 guōtiēr"「焼き餃子」） 点 diǎn（動）「注文する」 菜 cài（名）「料理」 份 fèn（量）「～人前」 炒青菜 chǎoqīngcài（名）「青菜の炒め物」 还 hái（副）「さらに、その上」

 新出フレーズ

欢迎光临。Huānyíng guānglín.「いらっしゃいませ。」
谢谢光临。Xièxie guānglín.「ご来店ありがとうございました。」
好的。Hǎo de.「わかりました。かしこまりました。」"好。"より少し固い表現。
请稍等。Qǐng shāo děng.「少々お待ちください。」
买单。Mǎidān.「お会計（してください）。」

ポイント	会話文	実践

レベル1 ★☆　カフェで飲み物を注文する

A（店員）B（客）に分かれ、関連語彙表を使って会話練習しよう。値段設定は自由に。

A	B
① 欢迎 光临！你要 什么？ 　 Huānyíng guānglín. Nǐ yào shénme? ② 热 的 还是 冰 的？ 　 Rè de háishi bīng de? ③ 大 杯、中 杯 还是 小 杯？ 　 Dà bēi、zhōng bēi háishi xiǎo bēi? ④ ＿＿＿＿＿＿＿＿ 块。 　　　　　　　　 kuài.	① 我 要 ＿＿＿＿＿＿＿＿＿＿ ② ＿＿＿＿＿＿＿＿＿＿＿＿＿＿ ③ ＿＿＿＿＿＿＿＿＿＿＿＿＿＿

レベル2 ★★　レストランで注文する

A（店員）B（客）に分かれて①〜③の条件を入れた会話文を作ろう。

◆ 条件　①（店員）何名か聞く　②（客）料理、飲み物を注文する　③会計をする

A（店員）	B（客）

第9課 観光地、名産品を紹介する

達成目標
・相手の行きたい（行ったことのない）場所を聞いて、お薦めの観光地を紹介できる。
・地元の名産品を簡単な言葉で紹介、説明できる。

ポイント　　　　　　　　　　　　　　　会話文　　　　　　　　　　　　　　　実践

1　形容詞が述語になる文

(1) 肯定文

・形容詞の前には"很 hěn"をつける。"是"はつけない。

・強調（とても〜）したい場合は"很"の部分を強く発音する。

　　今天　很　热。　　　　　　　这个　很　便宜。
　　Jīntiān hěn rè.　　　　　　　Zhèige hěn piányi.
　　（今日は（とても）暑いです。）　（これは（とても）安いです。）

程度を表す言葉（"非常"、"真"など）をつける場合、"很"はつけない。

　　今天　非常　冷。　　　　　　这个　真　好喝。
　　Jīntiān fēicháng lěng.　　　　Zhèige zhēn hǎohē.
　　（今日は非常に寒いです。）　　（これは本当に美味しいです。）

(2) 疑問文・否定文

疑問文、否定文では"很"はつけない。

　　A：这个　辣　吗？　　　　　B：这个　不　辣。
　　　　Zhèige là ma?　　　　　　　Zhèige bú là.
　　　（これは辛いですか。）　　　　（辛くないです。）

　　A：今天　冷　不　冷？　　　B：今天　不　冷。
　　　　Jīntiān lěng bu lěng?　　　　Jīntiān bù lěng.
　　　（今日は寒いですか。）　　　　（今日は寒くないです。）

> 練習問題　Aの質問に対して、Bに自分の答えを入れてみよう。

① A: 今天 热 吗？　　B: _____
　　Jīntiān rè ma?

② A: 这个 贵 不 贵？　B: _____
　　Zhèige guì bu guì?

2 完了を表す"了 le"　※変化を表す"了" 第11課【1】

過去や未来において動作が完了する場合"了"をつける。

我 昨天 买了 一 件 T恤衫。　　　我 下了 课，就 给 你 打 电话。
Wǒ zuótiān mǎile yí jiàn T xùshān.　Wǒ xiàle kè, jiù gěi nǐ dǎ diànhuà.
（昨日1枚Tシャツを買いました。）　（授業が終わったら、すぐに電話しますね。）

ここに注目！

過去の出来事の否定は"不"ではなく"没（有）"を用いて、"了"はつけない。

A: 你 吃 饭 了 吗？　　B: 还 没 吃。
　Nǐ chī fàn le ma?　　　Hái méi chī.
　（ご飯食べましたか。）　（まだ食べていません。）

◆否定"不"と"没"の違い

"不"はこれから先の出来事の否定、"没（有）"は過去の出来事の否定。

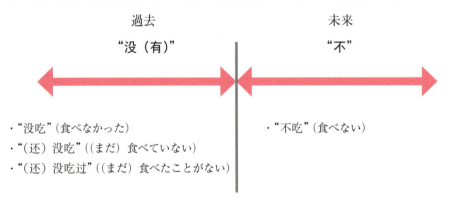

・"没吃"（食べなかった）　　　　　　　・"不吃"（食べない）
・"（还）没吃"（（まだ）食べていない）
・"（还）没吃过"（（まだ）食べたことがない）

> 練習問題　次の中国語を日本語に訳してみよう。

① 我 昨天 看了 一 部 中国 电影。_____
　Wǒ zuótiān kànle yí bù Zhōngguó diànyǐng.　　※部（（量）映画を数える）

② 我 还 没 买 车票。_____
　Wǒ hái méi mǎi chēpiào.

3 完了を表す"了"の位置

(1) 目的語に飾りあり　動詞のすぐ後に"了"をつける。

我 买了 两 件 衣服。
Wǒ mǎile liǎng jiàn yīfu.
(私は2着の服を買いました。)

我 点了 很 多 菜。
Wǒ diǎnle hěn duō cài.
(私はたくさんの料理を注文しました。)

(2) 目的語に飾りなし　文末に"了"をつける。

我 买 衣服 了。
Wǒ mǎi yīfu le.
(私は服を買いました。)

我 点 菜 了。
Wǒ diǎn cài le.
(私は料理を注文しました。)

> **ここに注目!**
>
> 飾りなしの文で"了"を動詞のすぐ後につけると、まだ後に文が続くニュアンスになる。
>
> 我 每天 下了 班， 就 回 家。
> Wǒ měitiān xiàle bān, jiù huí jiā.
> (私は毎日仕事が終わると、すぐ帰宅します。)

練習問題　次の日本語に合うように中国語を並べ替えてみよう。

① 私は図書館で三冊本を借りました。
【借 jiè　三本书 sān běn shū　图书馆 túshūguǎn　我 wǒ　了 le　在 zài】
＿＿＿＿＿＿＿＿＿＿＿＿＿＿＿＿＿＿＿＿＿＿＿＿＿＿＿

② あなたご飯は食べましたか。
【你 nǐ　了 le　饭 fàn　吗 ma　吃 chī】
＿＿＿＿＿＿＿＿＿＿＿＿＿＿＿＿＿＿＿＿＿＿＿＿＿＿＿

4 経験を表す"过 guo"「～したことがある」　動詞＋"过 guo"

否定形（～したことがない）は、"没（有）～过"。

A: 你 去过 中国 吗？
　 Nǐ qùguo Zhōngguó ma?
　 (あなたは中国に行ったことがありますか。)

B: 我 没 去过 中国。
　 Wǒ méi qùguo Zhōngguó.
　 (私は中国に行ったことがありません。)

練習問題　Aの質問に対して、Bに自分の答えを入れてみよう。

① A: 你 去过 中国 吗？　B:＿＿＿＿＿＿＿＿＿＿＿＿＿
　　 Nǐ qùguo Zhōngguó ma?

② A: 你 吃过 北京 烤鸭 吗？　B:＿＿＿＿＿＿＿＿＿＿＿
　　 Nǐ chīguo Běijīng kǎoyā ma?　　※北京烤鸭（北京ダック）

ポイント 会話文 実践

会話(1) 地元の観光地を案内してみよう

場面1

松田：你 去过 浅草 吗？
　　　Nǐ qùguo Qiǎncǎo ma?

张：还 没 去过。
　　Hái méi qùguo.

松田：是 吗，那 下 星期天 咱们 去 浅草 吧。
　　　Shì ma, nà xià xīngqītiān zánmen qù Qiǎncǎo ba.

場面2

松田：爱玲，你 看！那 就 是 "东京 晴空 塔"。
　　　Àilíng, nǐ kàn! Nà jiù shì "Dōngjīng qíngkōng tǎ".

张：真 高！真 漂亮！
　　Zhēn gāo! Zhēn piàoliang!

松田：我 来 帮 你 照 张 相。
　　　Wǒ lái bāng nǐ zhào zhāng xiàng.

　　　笑一笑。一、二、三，茄子！
　　　Xiào yi xiao. Yī, èr, sān, qiézi!

会話(2) 地元の名産品を紹介してみよう

松田：哎哟，你 买 了 这么 多 东西?!
　　　Āiyō, nǐ mǎi le zhème duō dōngxi?!

张：对 啊。奈美，这 是 什么？
　　Duì a. Nàiměi, zhè shì shénme?

松田：这 是《人形烧き》, 是 浅草 很 有名 的 糕点。
　　　Zhè shì , shì Qiǎncǎo hěn yǒumíng de gāodiǎn.

张：甜 吗？
　　Tián ma?

松田：不 太 甜。你 尝尝 吧。
　　　Bú tài tián. Nǐ chángchang ba.

张：很 好吃！我 要 买 这个！
　　Hěn hǎochī! Wǒ yào mǎi zhèige!

会話ポイント

(1) "你 笑一笑！"　動詞の重ね型

軽い気持ちを表す「ちょっと（少し）〜する」という表現

① 動詞を重ねる：看（一）看 kàn (yi) kan

　後の動詞は軽声で発音する。一字の動詞の場合、間に"一"を入れても良い。

② 動詞 ＋ 一下：

　看 一下 kàn yíxià（ちょっと見る）　休息 一下 xiūxi yíxià（ちょっと休む）

(2) "我 来 帮 你 照 张 相。"　"来"＋ 動詞

動詞の前に"来 lái"を付けると、自ら積極的に行うニュアンスになる。

　我 来 看看。　　　　　　　　　　　我 来 介绍 一下。
　Wǒ lái kànkan.　　　　　　　　　　Wǒ lái jièshào yíxià.
　（私がちょっと見てみます。）　　　　（私が少しご紹介します。）

浅草 Qiǎncǎo（名）「浅草」　这 星期天 zhè xīngqītiān「今週日曜日」(上星期〜 shàng xīngqī「先週〜曜日」)(下星期〜 xià xīngqī「来週〜曜日」)　就 jiù（副）「強調のニュアンスを表す」　东京晴空塔 Dōngjīng qíngkōng tǎ（名）「東京スカイツリー」　帮 bāng（動）「手伝う」　照（张）相 zhào (zhāng) xiàng「写真を撮る」　笑 xiào（動）「笑う」　茄子 qiézi（名）「ナス」　哎哟 āiyō（助）「（驚き）えぇ。」　有名 yǒumíng（形）「有名な」　糕点 gāodiǎn（名）「お菓子」　甜 tián（形）「甘い」　不太〜 bú tài「あまり〜ではない」　尝 cháng（動）「味見をする」　好吃 hǎochī（形）「（食べ物）美味しい」

你看。Nǐ kàn.「見て。」
一、二、三，茄子！Yī, èr, sān, qiézi！「はい、チーズ。」

ポイント　　　　　　　　　　会話文　　　　　　　　　　　　実践

レベル1 ★☆ 「(食べ物、場所など)～したことがあるか」を聞く

A、Bのそれぞれ_____に適当な言葉を入れて会話してみよう。

A	B
① 你 去过 中国 吗？ 　Nǐ　qùguo Zhōngguó ma?	① 我 _____ 中国。 　Wǒ　　　　　　　　　　　Zhōngguó.
② 你 _____	② 我 没 吃过 寿司。 　Wǒ méi chīguo shòusī.
③ 你 _____	③ 我 想 去 迪士尼 乐园。 　Wǒ xiǎng qù Díshìní lèyuán.

※ 寿司（寿司）、迪士尼乐园（ディズニーランド）

レベル2 ★★ 地元の名産品を薦める

地元の名産品（食べ物、飲み物）の特徴や味を説明してみよう。

A	B
① 这 是 什么？ 　Zhè shì shénme?	① 这是 _____，是 _____ 很 有名 的 _____。 　Zhè shì　　　, shì　　　　hěn yǒumíng de　　　.
②《味を聞く》 _____ 吗？	② _____
③《美味しいか聞く》 _____ 吗？	③ _____
④《値段を聞く》 _____	④ _____

第10課 道案内をする

達成目標
- 目的地までの道順や所要時間を尋ねたり、簡単に教えたりできる。
- 近くのお薦めのお店を紹介し、そこまでの道順や目印を教えることができる。

ポイント　　　　　会話文　　　　　実践

1 時間量（～間）の言い方

※「1」は声調変化あり、「2」は"两"を使う。

～个月 ge yuè（～ヶ月間）	一个月 yí ge yuè	两个月 liǎng ge yuè	几个月 jǐ ge yuè
～天 tiān（～日間）	一天 yì tiān	两天 liǎng tiān	几天 jǐ tiān
～（个）星期 (ge) xīngqī （～週間）	一（个）星期 yí (ge) xīngqī	两（个）星期 liǎng (ge) xīngqī	几（个）星期 jǐ (ge) xīngqī
～（个）小时 (ge) xiǎoshí （～時間）	一（个）小时 yí (ge) xiǎoshí 半（个）小时（30分間） bàn (ge) xiǎoshí	两（个）小时 liǎng (ge) xiǎoshí 一个半小时（1時間半） yí ge bàn xiǎoshí	几（个）小时 jǐ (ge) xiǎoshí
～分钟 fēnzhōng（～分間）	一分钟 yì fēn zhōng	两分钟 liǎng fēn zhōng	几分钟 jǐ fēn zhōng
～年 nián（～年間）	一年 yì nián	两年 liǎng nián	几年 jǐ nián

練習問題 中国語を聞いて日本語で答えてみよう。

① _____ ② _____ ③ _____ ④ _____

2 時間量の位置　　動詞＋時間量（＋目的語）

A: 你 每天 睡 几 个 小时？
Nǐ měitiān shuì jǐ ge xiǎoshí?
（毎日何時間寝るのですか。）

B: 我 每天 睡 六 个 小时 左右。
Wǒ měitiān shuì liù ge xiǎoshí zuǒyòu.
（毎日6時間くらい寝ます。）

A: 你 去了 几 天 香港？
Nǐ qùle jǐ tiān Xiānggǎng?
（何日間香港に行ったのですか。）

B: 我 去了 四 天。
Wǒ qùle sì tiān.
（4日間行きました。）

ここに注目！

時点と時間量を表す言葉の位置に注意！　（「時点」は6課【2】）。

時点 ＋ 動詞 ＋ 目的語 : 我 三月 去　　中国。　（私は3月中国に行きます。）
動詞 ＋ 時間量 ＋ 目的語 : 我　　　去 三天 中国。　（私は3日間中国に行きます。）

練習問題　次の日本語に合うように中国語を並べ替えてみよう。

① 私たち10分休憩しましょうか。
【 十分钟 shí fēn zhōng　休息 xiūxi　吧 ba　咱们 zánmen 】
_____

② 私は8月に5日間韓国へ行きました。
【 了 le　去 qù　韩国 Hánguó　五天 wǔtiān　八月 bāyuè 】
我 _____

3 "从~到…"と"~离…"「~から…まで」

(1) "从 cóng"~「~から」、"到 dào"…「…まで」　从~／到…

A: 你 今天 从 几 点 开始 上 课？
Nǐ jīntiān cóng jǐ diǎn kāishǐ shàng kè?
（あなたは今日何時から授業が始まりますか。）

B: 从 十 点 半 开始 上 课。
Cóng shí diǎn bàn kāishǐ shàng kè.
（10時半から授業が始まります。）

A: 从 这儿 到 车站 要 多长 时间？
Cóng zhèr dào chēzhàn yào duōcháng shíjiān?
（ここから駅までどのくらいかかりますか。）

B 要 一 个 小时 左右。
Yào yí ge xiǎoshí zuǒyòu.
（1時間くらいかかります。）

(2) ~"离"…「~から…まで」　~离…

"离"は、2点間の空間や時間の隔たりを表す。前を省略して"离~"としても良い。

A：你家 离 学校 远 吗？ B：不太 远。
　　Nǐ jiā lí xuéxiào yuǎn ma?　　Bú tài yuǎn.
　　（あなたの家から学校まで遠いですか。）（それほど遠くないです。）

A：离 这儿 近 吗？ B：很 近，只 要 两、三 分 钟。
　　Lí zhèr jìn ma?　　Hěn jìn, zhǐ yào liǎng、sān fēn zhōng.
　　（ここから近いですか。）（近いです、2、3分程度です。）

練習問題　下線部に"从"、"离"、"到"から適当なものを入れて、日本語に訳してみよう。

① 你 ＿＿ 几 号 ＿＿ 几 号 休息？　　＿＿＿＿＿＿＿＿＿＿＿＿＿＿＿
　　Nǐ　　jǐ hào　　jǐ hào xiūxi?

② 请问，这儿 ＿＿ 东京 站 远 吗？　　＿＿＿＿＿＿＿＿＿＿＿＿＿＿＿
　　Qǐngwèn, zhèr　　Dōngjīng zhàn yuǎn ma?

4　方向に関する表現

A＋B＋Cの順。A＋C、B＋Cでも良い。　※A＋Bの場合、目的語が必要。

A		B		C
跑 pǎo（はしる） 走 zǒu（あるく） 　　　など	＋	上 shàng（あがる）　下 xià（さがる） 进 jìn（はいる）　　出 chū（でる） 回 huí（もどる）　　过 guò（すぎる、わたる） 起 qǐ（おきる）	＋	来 lái（くる） 去 qù（いく）

A：你 为什么 跑 回来 了？ B：我 忘（了）带 手机 了！
　　Nǐ wèishénme pǎo huílái le?　　Wǒ wàng (le) dài shǒujī le!
　　（なぜ走って戻ってきたのですか。）（携帯電話を忘れました！）

A：你 过来 一下！ B：等 一下，我 马上 过去。
　　Nǐ guòlái yíxià!　　Děng yíxià, wǒ mǎshàng guòqù.
　　（ちょっとこっちに来て！）（ちょっと待って、すぐ行きます。）

ここに注目！

目的語がある場合は、通常BとCの間に入れる。

老师 进 教室 来 了。（先生が教室に入ってきました。）
Lǎoshī jìn jiàoshì lái le.

他 回 家 去 了。（彼は家に帰りました。）
Tā huí jiā qù le.

練習問題　次の日本語を中国語に訳してみよう。

① 彼女は出て行きました。　　＿＿＿＿＿＿＿＿＿＿＿＿＿＿＿

② 彼は駆け上がって行きました。　　＿＿＿＿＿＿＿＿＿＿＿＿＿＿＿

ポイント　　　　　　　　　　　　会話文　　　　　　　　　　　　　　実践

会話 (1)　道を説明してあげよう

松田：你 好。需要 我 帮忙 吗？
　　　Nǐ hǎo. Xūyào wǒ bāngmáng ma?

中国人：谢谢！请问，《关西 百货店》在 哪儿？
　　　　Xièxie! Qǐngwèn, 《Guānxī bǎihuòdiàn》 zài nǎr?

松田：走 上去 后 一直 往 前 走，
　　　Zǒu shàngqù hòu yìzhí wǎng qián zǒu,

　　　过了 两 个 红绿灯 就 到 了。
　　　guòle liǎng ge hónglǜdēng jiù dào le.

中国人：离 这儿 远 吗？
　　　　Lí zhèr yuǎn ma?

松田：不 远，要 十 分 钟 左右。
　　　Bù yuǎn, yào shí fēn zhōng zuǒyòu.

中国人：谢谢 你！
　　　　Xièxie nǐ!

会話 (2)　近くでお薦めの店を教えてあげよう

松田：你 好。你 怎么 了？
　　　Nǐ hǎo. Nǐ zěnme le?

中国人：我 在 找 拉面店。这 附近 有 没 有？
　　　　Wǒ zài zhǎo lāmiàndiàn. Zhè fùjìn yǒu mei yǒu?

松田：有，那 座 大楼 旁边儿 有 一 家 拉面店。
　　　Yǒu, nà zuò dàlóu pángbiānr yǒu yì jiā lāmiàndiàn.

中国人：那 家 店 叫 什么？
　　　　Nà jiā diàn jiào shénme?

松田：《一番 拉面》，是 红色 的 招牌。
　　　《Yīfān lāmiàn》, shì hóngsè de zhāopai.

中国人：知道 了。谢谢。
　　　　Zhīdao le. Xièxie.

52

会話ポイント "走上去后一直往前走，～" "往～"「～の方へ」

"往 wǎng ～走 zǒu"（～に向かって歩く）、"往 wǎng ～拐 guǎi"（～に曲がる）。

A：请问，邮局在哪儿？　　B：这条路一直往前走就到了。
　　Qǐngwèn, yóujú zài nǎr?　　　Zhè tiáo lù yìzhí wǎng qián zǒu jiù dào le.
　　（すみません、郵便局はどこですか。）　（この道をまっすぐ前に行くと着きます。）

A：请问，大阪站怎么走？　　B：过了十字路口往右拐就到了。
　　Qǐngwèn, Dàbǎn zhàn zěnme zǒu?　Guòle shízì lùkǒu wǎng yòu guǎi jiù dào le.
　　（すみません、大阪駅はどう行けばよいですか。）（交差点を渡って右に曲がると着きますよ。）

《関連語句》　方位に関する言葉　"儿"は省略しても良い。

上边儿 / 上面	下边儿 / 下面	左边儿	右边儿
shàngbianr/shàngmiàn	xiàbianr/xiàmiàn	zuǒbianr	yòubianr
（上）	（下）	（左）	（右）

前边儿 / 前面	后边儿 / 后面	里边儿 / 里面	外边儿 / 外面
qiánbianr/qiánmiàn	hòubianr/hòumiàn	lǐbianr/lǐmiàn	wàibianr/wàimiàn
（まえ）	（うしろ）	（なか）	（そと）

旁边儿	对面儿
pángbiānr	duìmiànr
（そば、近く）	（真向かい）

需要 xūyào（動）「必要とする」　帮忙 bāngmáng（動）「手伝う、手助けする」　百货（商）店 bǎihuò (shāng) diàn「百貨店」　一直 yìzhí（副）「まっすぐに、ずっと」　过 guò（動）「通り過ぎる、渡る」　红绿灯 hónglǜdēng（名）「信号機」　到 dào（動）「着く」　找 zhǎo（動）「探す」　拉面 lāmiàn（名）「ラーメン」　座 zuò（量）「ビル、山などを数える」　大楼 dàlóu（名）「ビル」　家 jiā（量）「～軒」　红色 hóngsè（名）「赤色」　招牌 zhāopai（名）「看板」

 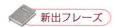

需要我帮忙吗？　Xūyào wǒ bāngmáng ma?「私に手伝う必要がありますか。＝どうかされましたか。」
知道了。Zhīdao le.「わかりました。」

ポイント　　　　　　　　　　　　会話文　　　　　　　　　　　　実践

レベル1 ★☆ 道案内をする

地図を見ながら①〜④の場所までの行き方を分かりやすく説明してみよう。

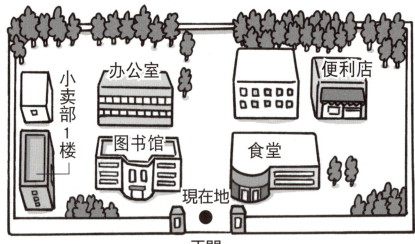

Aの質問 "请问，〜在哪儿？／〜怎么走？" Qǐngwèn, ~zài nǎr? / ~zěnme zǒu?

A	B
①"食堂"（食堂） shítáng	① 在 那个 校舍 里边儿。 Zài nèige xiàoshè lǐbianr.
②"小卖部"（売店） xiǎomàibù	② 在 那个 校舍 的 ＿＿＿＿ 楼。 Zài nèige xiàoshè de　　　　　lóu.
③"办公室"（事務局） bàngōngshì	③ 在 图书馆 的 ＿＿＿＿。 Zài túshūguǎn de
④"便利店"（コンビニ） biànlìdiàn	④ 从 这儿 一直 走 往 ＿＿＿ 就 到 了。 Cóng zhèr yìzhí zǒu wǎng　　jiù dào le.

※"校舍"xiàoshè（校舎）

レベル2 ★★ 最寄り駅までの道を説明する

学校の正門から最寄り駅までの「行き方、所要時間」を簡単に分かりやすく説明してみよう。

＿＿＿＿＿＿＿＿＿＿＿＿＿＿＿＿＿＿＿＿＿＿＿＿＿＿＿＿＿＿＿＿＿＿＿＿

＿＿＿＿＿＿＿＿＿＿＿＿＿＿＿＿＿＿＿＿＿＿＿＿＿＿＿＿＿＿＿＿＿＿＿＿

＿＿＿＿＿＿＿＿＿＿＿＿＿＿＿＿＿＿＿＿＿＿＿＿＿＿＿＿＿ 就 到 了。

离 这儿 ＿＿＿＿＿＿＿＿＿＿＿＿＿＿＿＿＿＿＿＿＿＿＿＿＿＿ 左右。

第11課 ショッピングをする

達成目標
・簡単な値段交渉ができる。
・自分の欲しいサイズや色を伝えたり、在庫確認をしたりできる。

ポイント　　　　　　　　　　会話文　　　　　　　　　　　実践

1 変化を表す"了"　　文末に"了"をつける。　※完了の"了"（9課【2】、【3】）

DL 74～77
CD 74～77

これまでと状況が変化した場合に、中国語では"了"を用いる。

A：你 看，外面 下 雨 了！
　　Nǐ kàn, wàimiàn xià yǔ le!
　　（見て、外は雨が降ってきましたよ！）

B：怎么 办！我 没 带 雨伞。
　　Zěnme bàn! Wǒ méi dài yǔsǎn.
　　（どうしよう！傘を持ってないよ。）

A：你 好 一点儿 了 吗？
　　Nǐ hǎo yìdiǎnr le ma?
　　（少し（体調は）良くなりましたか。）

B：谢谢，好 一点儿 了。
　　Xièxie, hǎo yìdiǎnr le.
　　（ありがとう、少し良くなりました。）

ここに注目！

"不〜了"で多く中止、停止を表す。「〜するのをやめる、やめた。」

A：今天 我 不 太 舒服，明天 不 去 爬山 了。
　　Jīntiān wǒ bú tài shūfu, míngtiān bú qù páshān le.
　　（今日あまり体調が良くないので、明日山登りに行くのをやめます。）

B：是 吗，你 好好儿 休息 吧。
　　Shì ma, nǐ hǎohāor xiūxi ba.
　　（そうですか、しっかり休んでくださいね。）

練習問題　次の中国語を日本語に訳してみよう。

① 已经 十二 点 了！咱们 今天 去 哪儿 吃 午饭？　※已经（すでに、もう）
　　Yǐjing shí'èr diǎn le! Zánmen jīntiān qù nǎr chī wǔfàn?

② 我 感冒 了，今天 不 出门 了。　※感冒（風邪を引く）、出门（出かける）
　　Wǒ gǎnmào le, jīntiān bù chūmén le.

55

2 比較の表現 比較の文では、形容詞の前に"很 hěn"はつけない。

(1) AはBより（どのくらい）～。　　A"比"B＋形容詞（＋AとBの差）

A: 今天 比 昨天 热 吗？
Jīntiān bǐ zuótiān rè ma?
（今日は昨日より暑いですか。）

B: 今天 比 昨天 热。
Jīntiān bǐ zuótiān rè.
（今日は昨日より暑いです。）

A: 你 比 弟弟 大 几 岁？
Nǐ bǐ dìdi dà jǐ suì?
（あなたは弟さんより何歳年上ですか。）

B: 我 比 弟弟 大 两 岁。
Wǒ bǐ dìdi dà liǎng suì.
（私は弟より2歳年上です。）

ここに注目!

比較文で程度を表す場合"得多"や"多了"などを使い、"真"、"非常"などは使えない。

A: 今天 冷 吗？
Jīntiān lěng ma?
（今日は寒いですか。）

B: 天气 预报 说, 今天 比 昨天 冷 得 多。
Tiānqì yùbào shuō, jīntiān bǐ zuótiān lěng de duō.
（天気予報によると、今日は昨日よりずっと寒いらしいです。）

(2) AはBと同じ（同じくらい～）。　　A"跟"B"一样"（＋形容詞）

A: 你 的 钱包 跟 我 的 一样。
Nǐ de qiánbāo gēn wǒ de yíyàng.
（あなたの財布、私のと同じだね。）

B: 真 的！
Zhēn de!
（本当だ！）

A: 他 个子 有※多 高？
Tā gèzi yǒu duō gāo?
（彼の身長はどのくらいですか。）

B: 他 跟 你 一样 高。
Tā gēn nǐ yíyàng gāo.
（彼はあなたと同じくらい背が高いです。）

※多＋形容詞（どのくらい～だ）

(3) AはBほど～ではない。　　A"没有"B＋（"这么/那么"）＋形容詞

"这么 zhème"（このように）、"那么 nàme"（あのように）を付けると強調のニュアンスになる。日本語では訳さないほうが自然な場合が多い。

A: 这个 好吃 吗？
Zhèige hǎochī ma?
（これは美味しいですか。）

B: 这个 没 有 那个（那么）好吃。
Zhèige méi yǒu nèige (nàme) hǎochī.
（これはあれほど美味しくはないです。）

練習問題　次の日本語に合うように中国語を並べ替えてみよう。

① これはあれより10元安いです。
【比 bǐ　10块 shí kuài　那个 nèige　这个 zhèige　便宜 piányi】

_____

② あなたのと私のは同じですね。
【你的 nǐ de　我的 wǒ de　一样 yíyàng　跟 gēn】

_____

3 結果補語　　否定は"没〜"で表す。

～完 wán（終わる）：看完 kànwán（読み終える）　买完 mǎiwán（買い終える）

～好 hǎo（完成、満足な状態になる）：写好 xiěhǎo（書き終える）　买好 mǎihǎo（買い終える）

～懂 dǒng（わかる、理解する）：听懂 tīngdǒng（（聞いて）わかる）　看懂 kàndǒng（（見て）わかる）

～到 dào（到達する）：听到 tīngdào（聞こえる）　看到 kàndào（見える）

A：我说的话你听懂了吗？
　　Wǒ shuō de huà nǐ tīngdǒng le ma?
　　（私の話わかりましたか。）

B：我听懂了。
　　Wǒ tīngdǒng le.
　　（わかりました。）

A：你学完了吗？
　　Nǐ xuéwán le ma?
　　（勉強し終えましたか。）

B：还没学完。
　　Hái méi xuéwán.
　　（まだ勉強し終えていません。）

練習問題　次の中国語を日本語に訳してみよう。

① 你吃完了吗？　_____
　　Nǐ chīwán le ma?

② 昨天晚上我没睡好。_____
　　Zuótiān wǎnshang wǒ méi shuìhǎo.

4 "一点儿 yìdiǎnr"と"有点儿 yǒudiǎnr"「少し〜、ちょっと〜」

今天　　　　热一点儿。（今日は少し暑いですね。→普段より少し暑い。）形容詞＋"一点儿"
Jīntiān　　　　rè yìdiǎnr.

今天 有点儿 热。　　　　（今日は少し暑いですね。→少し嫌な暑さだ。）"有点儿"＋形容詞
Jīntiān yǒudiǎnr rè.

練習問題　次の日本語に合うように下線部に"一点儿"か"有点儿"を入れてみよう。

① 便宜 _____ , 好吗？（少し安くしてもらえませんか。）
　　Piányi　　　　　 , hǎo ma?

② 我 _____ 不舒服。（少し気分が悪いです。）
　　Wǒ　　　　　 bù shūfu.

ポイント 会話文 実践

会話(1)　値段の交渉をしてみよう

松田：我　觉得　这个　比　那个　好看。
　　　Wǒ　juéde　zhèige　bǐ　nèige　hǎokàn.

　　　服务员！这个　多少　钱？
　　　Fúwùyuán!　Zhèige　duōshao　qián?

服务员：三十　块　一　个。
　　　　Sānshí　kuài　yí　ge.

松田：二十　块，好　吗？
　　　Èrshí　kuài, hǎo　ma?

服务员：不行，三十　块。
　　　　Bùxíng, sānshí　kuài.

松田：那　我　买　两个，一共　五十　块，好　不　好？
　　　Nà　wǒ　mǎi　liǎng ge,　yígòng　wǔshí　kuài,　hǎo　bu　hǎo?

服务员：好。还　要　别　的　吗？
　　　　Hǎo. Hái　yào　bié　de　ma?

松田：不用　了，谢谢。
　　　Búyòng　le,　xièxie.

会話(2)　自分の欲しいサイズや色を尋ねてみよう

松田：服务员，八　折　是　多少钱？
　　　Fúwùyuán,　bā　zhé　shì　duōshao qián?

服务员：三百二。
　　　　Sānbǎi'èr.

松田：还　有　别　的　颜色　吗？
　　　Hái　yǒu　bié　de　yánsè　ma?

服务员：现在　只　有　两　种。黑色、黄色　都　卖　完　了。
　　　　Xiànzài　zhǐ　yǒu　liǎng　zhǒng. Hēisè、huángsè　dōu　màiwán　le.

松田：是　吗，这　件　有　没　有　大　一点儿　的？
　　　Shì ma, zhèi　jiàn　yǒu　mei　yǒu　dà　yìdiǎnr　de?

服务员：有，你　要　哪个　尺寸　的？
　　　　Yǒu, nǐ　yào　něige　chǐcun　de?

> **会話ポイント**

(1) "黑色、黄色 都 卖完 了。" 色に関する言葉

颜色　　什么　颜色
yánsè　shénme yánsè
（色）　　（何色）

黑色　　白色　　黄色　　绿色　　红色　　蓝色
hēisè　báisè　huángsè　lǜsè　hóngsè　lánsè
（黒色）（白色）（黄色）（緑色）（赤色）（青色）

(2) "八 折 是 多少 钱？" 割引の表現

日本では「～割引」が良く使われるが、中国語では"（打 dǎ）～折 zhé"「～掛け」で表現するのが一般的。"（打）八折"「8掛け」は「2割引」のこと。

觉得（動）juéde「～だと思う」　好看 hǎokàn（形）「美しい、きれいである」　别的 bié de（代）「別の、他の（もの、こと）」　颜色 yánsè（名）「色」　只 zhǐ（副）「わずか、だけ」　种 zhǒng（量）「（人や事物を数える）種類」　黑色 hēisè（名）「黒色」　黄色 huángsè（名）「黄色」　卖 mài（動）「売る」　尺寸 chǐcun（名）「サイズ」

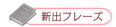

不用了。Búyòng le.「（もう）結構です。」

ポイント　　　　　　　　会話文　　　　　　　　実践

レベル1 ★☆　値段交渉をする

A（客）B（店員）になって1つ50元のお土産を45元に交渉しよう。値段や言い方を考えて交渉しよう。

A	B
① 服务员，这个 _____ 　　Fúwùyuán, zhèige ② （値段交渉） _____ ③ （値段交渉） _____	① 五十 块 一 个。 　　Wǔshí kuài yí ge. ② 不 行。 　　Bù xíng. ③ 好。 　　Hǎo.

レベル2 ★★　自分の欲しい色やサイズの在庫を聞く

・客と店員になって、次のシナリオを考える。

◆ シナリオ

・客は「購入①、②」いずれかを選択し、色、サイズ、枚数を店員に確認する。

・B（店員）は、下の在庫表で確認しながら返答する。

　購入①：「白色、Mサイズ」。もし無ければ「赤色、Mサイズ」。

　購入②：「黒色、Sサイズ」。もし無ければ「青色か白色のSサイズ」。

◆ 在庫表

サイズ・色	T恤衫（件）200元 T xùshān			
	黑色 hēisè	白色 báisè	红色 hóngsè	蓝色 lánsè
大号（L） dàhào	○	○	○	×
中号（M） zhōnghào	×	○	×	○
小号（S） xiǎohào	×	○	○	×

第12課 相手を褒める

達成目標
・褒めたり、褒められたりした時の返答ができる。
・友達を紹介したり、紹介してもらったりできる。

ポイント　　　　　　　　　　　　　　会話文　　　　　　　　　　　　　　実践

1 様態補語「～（するの）が…である」

DL 82～85
CD 82～85

主語（+ 動詞）+ 目的語	+	動詞 + "得"	+	《どのようか》
你（说）汉语 Nǐ (shuō) Hànyǔ	+	说得 shuōde	+	真 好。 zhēn hǎo.
あなたは中国語を話す		のが		上手だ。

A: 你（唱）歌儿 唱得 真 好听！
　　Nǐ (chàng) gēr chàngde zhēn hǎotīng!
　　（あなたは歌がすごく上手ですね！）

B: 哪里 哪里。
　　Nǎli nǎli.
　　（いえいえ。）

ここに注目！

目的語がない場合は、**主語 + 動詞 + "得" + 《どのようか》**。

A: 我 吃完 了。
　　Wǒ chīwán le.
　　（食べ終わりました。）

B: 你 吃得 太 快 了！
　　Nǐ chīde tài kuài le!
　　（あなた食べるのが速すぎですよ！）

A: 她 长得 真 漂亮。
　　Tā zhǎngde zhēn piàoliang.
　　（彼女はとても（容姿が）綺麗です。）

B: 是吗，她 像 哪个 明星？
　　Shì ma, tā xiàng něige míngxīng?
　　（そうですか、どのスター（芸能人）に似ていますか。）

 次の日本語に合うように中国語を並べ替えてみよう。

① 私は野球が下手です。【我 wǒ　得 de　好 hǎo　棒球 bàngqiú　打 dǎ　不 bù】

_____

② 彼は話すのが早すぎます。【快 kuài　了 le　说 shuō　太 tài　他 tā　得 de】

_____

61

2 "会 huì"、"能 néng"、"可以 kěyǐ" 「～できる」

(1) "会 huì" / "不会 bú huì"

練習、訓練して「できる、できない」(語学、運転、スポーツ、楽器、料理など)

A: 你 会 说 汉语 吗？
　　Nǐ huì shuō Hànyǔ ma?
　　(中国語を話すことができますか。)

B: 我 会 说 一点儿 汉语。
　　Wǒ huì shuō yìdiǎnr Hànyǔ.
　　(少しだけ話すことができます。)

(2) "能 néng" / "不能 bù néng"

① 条件や都合上「できる、できない」

A: 你 明天 能 来 吗？
　　Nǐ míngtiān néng lái ma?
　　(あなたは明日来れますか。)

B: 我 明天 有事儿，不 能 去。
　　Wǒ míngtiān yǒu shìr, bù néng qù.
　　(明日用事があるので行くことができません。)

② ある一定以上の能力、技術があって「できる、できない」

A: 你 能 游 多少 米？
　　Nǐ néng yóu duōshao mǐ?
　　(何メートル泳ぐことができますか。)

B: 我 能 游 一千 米 左右。
　　Wǒ néng yóu yìqiān mǐ zuǒyòu.
　　(1000メートルくらいは泳ぐことができます。)

(3) "可以 kěyǐ" / "不能 bù néng" ("不可以 bù kěyǐ" は口調がかなり強く聞こえる)

許可、可能を表す「できる（～しても良い）、できない」

A: 服务员，这儿 可以 抽 烟 吗？
　　Fúwùyuán, zhèr kěyǐ chōu yān ma?
　　(すみません、ここでタバコを吸うことができますか。)

B: 对不起，这儿 不 能 抽 烟。
　　Duìbuqǐ, zhèr bù néng chōu yān.
　　(すみません、ここではタバコは吸えません。)

練習問題 下線部に"会、能、可以"のいずれかを入れて、日本語に訳してみよう。

① 这儿 不 ＿＿＿ 停 车。 ＿＿＿＿＿＿＿＿＿＿＿＿＿＿＿＿＿
　　Zhèr bù　　　 tíng chē.　　　　　　　　　　　※停车（車を停める）

② 你 ＿＿＿ 做 菜 吗？ ＿＿＿＿＿＿＿＿＿＿＿＿＿＿＿＿＿
　　Nǐ　　　 zuò cài ma?　　　　　　　　　　　※做菜（料理を作る）

3 持続を表す "着"「～している」　動詞 ＋ 着（＋ 目的語）（＋ 呢）

A: 铃木 小姐 是 哪 一 位？
　　Língmù xiǎojiě shì nǎ yí wèi?
　　(鈴木さんはどなたですか。)

B: 是 戴着 帽子 的 那 位。
　　Shì dàizhe màozi de nà wèi.
　　(帽子をかぶっているあの方です。)

A：这里 怎么 这么 冷？　　B 门 开着 呢。
　　Zhèli zěnme zhème lěng?　　Mén kāizhe ne.
　　（ここはどうしてこんなに寒いの。）　（ドアが開いているよ。）

> **練習問題**　次の中国語を日本語に訳してみよう。

① 别 一直 开着 冰箱。　　＿＿＿＿＿＿＿＿＿＿＿＿＿＿＿
　　Bié yìzhí kāizhe bīngxiāng.　　　　　　　　　　※别（〜するな）、冰箱（冷蔵庫）

② 那边儿 排着 很 多 人。　　＿＿＿＿＿＿＿＿＿＿＿＿＿＿＿
　　Nàbianr páizhe hěn duō rén.　　　　　　　　　　※排（並ぶ）

4 二重目的語をとる動詞

主語 ＋ 動詞 ＋目的語₁（ヒト）＋ 目的語₂（モノ・コト）「〜は（ヒト）に（モノ・コト）を…する」

A：你 教 谁 日语？　　　　　B：我 教 小 张 日语。
　　Nǐ jiāo shéi Rìyǔ?　　　　　　Wǒ jiāo xiǎo Zhāng Rìyǔ.
　　（あなたは誰に日本語を教えているのですか。）　（私は張さんに日本語を教えています。）

A： 明天 是 美玲 的 生日。
　　Míngtiān shì Měilíng de shēngrì.
　　（明日は美玲さんの誕生日です。）

B：是 吗，那 咱们 送 她 一 个 礼物 吧。
　　Shì ma, nà zánmen sòng tā yí ge lǐwù ba.
　　（そうですか、じゃあ私たち彼女にプレゼントを送りましょうよ。）

ここに注目！

二重目的語をとる動詞は数に限りがある。　　※前置詞を用いる表現（第7課【2】）

教 jiāo（教える）　　告诉 gàosu（告げる）　　给 gěi（あげる、もらう）
问 wèn（尋ねる）　　借 jiè（借りる、貸す）　　还 huán（返す）　など

> **練習問題**　次の日本語に合うように中国語を並べ替えてみよう。

① あなたにひとつ言っておきます。【我 wǒ　一件事 yí jiàn shì　告诉 gàosu　你 nǐ】

＿＿＿＿＿＿＿＿＿＿＿＿＿＿＿＿＿＿＿＿＿＿＿＿＿＿＿＿＿＿

② この本、君にあげるよ。【给 gěi　本 běn　书 shū　我 wǒ　这 zhè　你 nǐ】

＿＿＿＿＿＿＿＿＿＿＿＿＿＿＿＿＿＿＿＿＿＿＿＿＿＿＿＿＿＿

ポイント　　　　　　　　会話文　　　　　　　　実践

会話(1)　友達を紹介してみよう

松田： 请问，哪位是王宏先生?
　　　Qǐngwèn, nǎ wèi shì Wáng Hóng xiānsheng?

张： 是穿着黑色上衣的那位。
　　　Shì chuānzhe hēisè shàngyī de nà wèi.

松田： 他会说日语吗?
　　　Tā huì shuō Rìyǔ ma?

张： 会说一点儿。我给你介绍一下。王宏!
　　　Huì shuō yìdiǎnr. Wǒ gěi nǐ jièshào yíxià. Wáng Hóng!
　　　这位是我朋友，松田小姐。
　　　Zhè wèi shì wǒ péngyou, Sōngtián xiǎojiě.

松田： 你好。我姓松田。这是我的名片。
　　　Nǐ hǎo. Wǒ xìng Sōngtián. Zhè shì wǒ de míngpiàn.

王宏： 谢谢。很抱歉，今天我没带名片。以后，请多指教!
　　　Xièxie. Hěn bàoqiàn, jīntiān wǒ méi dài míngpiàn. Yǐhòu, qǐng duō zhǐjiào!

会話(2)　相手を褒めてみよう

松田： 你日语说得真好!
　　　Nǐ Rìyǔ shuōde zhēn hǎo!

王宏： 还差得远呢。
　　　Hái chàde yuǎn ne.

松田： 你学了几年日语了?
　　　Nǐ xuéle jǐ nián Rìyǔ le?

王宏： 学了快两年了。日语的「敬語」对我来说非常难。
　　　Xuéle kuài liǎng nián le. Rìyǔ de "keigo" duì wǒ lái shuō fēicháng nán.

松田： 以后你有不懂的日语可以问我。
　　　Yǐhòu nǐ yǒu bù dǒng de Rìyǔ kěyǐ wèn wǒ.

王宏： 谢谢!那你教我日语，我教你汉语。互相学习吧!
　　　Xièxie! Nà nǐ jiāo wǒ Rìyǔ, wǒ jiāo nǐ Hànyǔ. Hùxiāng xuéxí ba!

会話ポイント

(1) "还 差得 远 呢。" 褒め言葉とその返答

褒め言葉	褒められた時の返答
很、真、非常、好 hěn zhēn fēicháng hǎo ＋ 好（良い） 棒（すごい） 厉害（すごい） hǎo　　　 bàng　　　　 lìhai	哪里 哪里。（いえいえ。） Nǎli　 nǎli. 过奖 了。（褒め過ぎです。） Guòjiǎng le. 还 差得 远 呢。（まだまだです。） Hái chàde yuǎn ne. 不 好 意思。（恐縮です。） Bù hǎo yìsi.

(2) "你 学了 几年 日语 了？" "学了 一年"と"学了 一年 了"

※（第10課【2】時間量の位置）

(a) 動詞の直後に"了"

　　我 学了 一 年 汉语。
　　Wǒ xuéle yì nián Hànyǔ.
　　（中国語を一年間勉強しました。→ 今は勉強していない。）

(b) 動詞の直後と文末に"了"

　　我 学了 一 年 汉语 了。
　　Wǒ xuéle yì nián Hànyǔ le.
　　（中国語を勉強して一年が経ちます。→ 今も継続して勉強している。）

穿 chuān（動）「着る」 上衣 shàngyī（名）「上着」 介绍 jièshào（動）「紹介する」 名片 míngpiàn（名）「名刺」 抱歉 bàoqiàn（動）「申し訳なく思う」 对～来说 duì~lái shuō「～からすると」 难 nán（形）「難しい」 懂 dǒng（動）「分かる、理解する」 互相 hùxiāng（副）「互いに」

请多指教。Qǐng duō zhǐjiào.「どうぞよろしくお願いします。」

65

| ポイント | 会話文 | 実践 |

レベル1 ★☆　相手を褒める

A（褒める側）B（褒められる側）に分かれて会話文を作ろう。また、Bは全て違う表現で答えるようにしよう。

A（褒める側）	B（褒められる側）
① 你 的 衣服 真 漂亮。 　 Nǐ de yīfu zhēn piàoliang.	① _____
② 你 唱 歌儿 唱得 _____ 　 Nǐ chàng gēr chàngde	② _____
③ 相手の中国語を褒める 　 _____	③ _____

レベル2 ★★　友達を紹介する

・山田さん、野中さんを中国語で紹介してみよう。

① 氏名	山田　建太 Shāntián Jiàntài	野中　惠 Yězhōng Huì
② 自分との関係性	友人	姉
③ 中国語学習歴	3年間（今も学んでいる）	1年間（今は学んでいない）
④ 中国語の会話力	話せる、上手	少しだけ話す事ができる

我 给 你 介绍 一下。
Wǒ gěi nǐ jièshào yíxià.

① _____

② _____

③ _____

④ _____

特別編　メールを送る

達成目標
・簡単なメール、手紙の文章を読んだり書いたりすることができる。
・中国語でメールを打つことができる。

　ポイント　　　　　　会話文　　　　　　実践

 1　A "让 ràng" / "叫 jiào" B 「AはBに～させる」「～するように言う」

A: 让 你 久 等 了！
　　Ràng nǐ jiǔ děng le!
　　((私は)あなたを長く待たせました。→お待たせしました。)

B: 没 关系。
　　Méi guānxi.
　　(大丈夫ですよ。)

A: 你 去 哪儿？
　　Nǐ qù nǎr?
　　(どこに行くの。)

B: 妈妈 叫 我 去 买 东西。
　　Māma jiào wǒ qù mǎi dōngxi.
　　(母は私を買い物に行かせる。→お母さんに買い物を頼まれて。)

　次の日本語に合うように中国語を並べ替えてみよう。

① あの映画はとても感動するよ。
【 感动 gǎndòng　人 rén　让 ràng　那部电影 nèi bù diànyǐng　真 zhēn 】

――――――――――――――――――――――――――――――――――

② 私は弟にコーヒーを一杯買いに行かせた。
【 去 qù　咖啡 kāfēi　弟弟 dìdi　叫 jiào　我 wǒ　杯 bēi　买 mǎi　一 yì 】

――――――――――――――――――――――――――――――――――

2　助動詞の "要 yào" と "得 děi"　「～しなければならない。」

・"要 yào" は自発的、"得 děi" は必然的、強制的に「しなければならない」
・否定形「～しなくて良い（する必要はない）」は "不用 búyòng" を用いる。

A: 你 要 好好儿 学习。
　　Nǐ yào hǎohāor xuéxí.
　　(しっかり勉強しなければいけませんよ。)

B: 我 知道。
　　Wǒ zhīdao.
　　(わかっています。)

67

A: 明天 我 得 去 吗？　　B: 明天 我 一个 人 去，你 不用 去。
　　Míngtiān wǒ děi qù ma?　　　Míngtiān wǒ yí ge rén qù, nǐ búyòng qù.
　　（明日私は行かないとダメですか。）　（明日は私一人で行くから、あなたは行かなくていいですよ。）

練習問題　次の中国語を日本語に訳してみよう。

① 刚刚 公司 给 我 打 电话，我 得 马上 过去。　　※刚刚（さっき）
　Gānggāng gōngsī gěi wǒ dǎ diànhuà, wǒ děi mǎshàng guòqù.

_____

② 明天 第一 节 有 课，我 要 早 一点儿 睡觉。　　※第一节（1限目）
　Míngtiān dì yī jié yǒu kè, wǒ yào zǎo yìdiǎnr shuìjiào.

_____

◆様々な"要"の表現

	肯定	否定
ほしい、いる 第3課【1】、第5課【4】	我 要 这个。 Wǒ yào zhèige. （これがほしい。）	我 不 要 这个。 Wǒ bú yào zhèige. （これはいらない。）
〜したい 第8課【3】	我 要 吃 这个。 Wǒ yào chī zhèige. （これが食べたい。）	我 不 想 吃 这个。 Wǒ bù xiǎng chī zhèige. （これは食べたくない。）
〜するな		你 不要 吃 这个！ Nǐ búyào chī zhèige! （これを食べるな！）
〜しなければならない 特別編【2】	你 要 吃 这个。 Nǐ yào chī zhèige. （これは食べないとダメだよ。）	你 不用 吃 这个。 Nǐ búyòng chī zhèige. （これは食べなくて良いよ。）

3 "就 jiù"と"才 cái"

(1) "就 jiù"：話し手にとって時間的に早い、短いと感じるときは"就"を用いる。

　我 昨天 十二 点 就 睡觉 了。
　Wǒ zuótiān shí'èr diǎn jiù shuìjiào le.
　（私は昨日12時に（には）寝ました。）→12時に寝るのは早いと感じている

(2) "才 cái"：話し手にとって時間的に遅い、長いと感じるときは"才"を用いる。

　我 昨天 十二 点 才 睡觉。
　Wǒ zuótiān shí'èr diǎn cái shuìjiào.
　（私は昨日12時に（やっと）寝ました。）→12時に寝るのは遅いと感じている

練習問題 次の中国語の"就"と"才"を意識して日本語に訳してみよう。

① 他 从 三 岁 就 开始 学 弹 钢琴 了。
　　Tā cóng sān suì jiù kāishǐ xué tán gāngqín le.　　※弹钢琴（ピアノを弾く）

_____

② 我 下 星期天 才 有 空儿。
　　Wǒ xià xīngqītiān cái yǒu kòngr.

_____

4 "再 zài"と"又 yòu"「また、もう一度」

(1) "再 zài"：「繰り返し」がまだ行われていない（これから行われる）

　　A：有 空儿 再 来。　　　　B：一定！
　　　 Yǒu kòngr zài lái.　　　　　Yídìng!
　　　（暇があればまた来てくださいね。）（必ず（また来ます）！）

　　A：请 再 说 一 遍。　　　　B：好。
　　　 Qǐng zài shuō yí biàn.　　　Hǎo.
　　　（もう一度おっしゃってください。）（分かりました。）

(2) "又 yòu"：「繰り返し」がすでに行われた

　　A：这 顶 帽子 怎么样？　　B：你 又 乱 花 钱 了。
　　　 Zhè dǐng màozi zěnmeyàng?　Nǐ yòu luàn huā qián le.
　　　（この帽子どうですか。）　（あなたはまた無駄遣いしたのね。）

　　A：我 上 个 月 又 出差 了。　　B：辛苦 了。
　　　 Wǒ shàng ge yuè yòu chūchāi le.　Xīnkǔ le.
　　　（先月また出張でした。）　（お疲れ様です。）

練習問題 次の日本語に合うように下線部に"再"か"又"を入れてみよう。

① 今年の夏休みにまた北京に行ってきました。

　　我 今年 暑假 _____ 去 北京 了。
　　Wǒ jīnnián shǔjià　　　　qù Běijīng le.

② 台北にまた行きたいです。

　　我 要 _____ 去 台北。
　　Wǒ yào　　　　qù Táiběi.

ポイント　　　　　　　　メール文　　　　　　　　実践

王勇 先生：
Wáng Yǒng xiānsheng,

您好。近来好吗？
Nín hǎo. Jìnlái hǎo ma?

上个月 25 日我回到日本了。这次行程太短，只玩儿
Shàng ge yuè èrshiwǔ rì wǒ huídào Rìběn le. Zhèi cì xíngchéng tài duǎn, zhǐ wánr

五天就得回国，真遗憾。
wǔ tiān jiù děi huí guó, zhēn yíhàn.

不过这次去北京，因为有您，所以我们玩儿得特别愉快。
Búguò zhèi cì qù Běijīng, yīnwèi yǒu nín, suǒyǐ wǒmen wánrde tèbié yúkuài.

故宫、长城、颐和园都让我留下很深的印象。还有北京
Gùgōng、Chángchéng、Yíhéyuán dōu ràng wǒ liúxià hěn shēn de yìnxiàng. Hái yǒu Běijīng

烤鸭和小吃也让我难以忘怀。有机会的话，我一定要再去
kǎoyā hé xiǎochī yě ràng wǒ nányǐ wànghuái. Yǒu jīhuì de huà, wǒ yídìng yào zài qù

北京。
Běijīng.

也欢迎您来日本玩儿。我们可以一起去皇宫、横滨
Yě huānyíng nín lái Rìběn wánr. Wǒmen kěyǐ yìqǐ qù Huánggōng、Héngbīn

中华街、迪士尼乐园等等。
zhōnghuájiē、Díshìní lèyuán děngděng.

最后附上几张我们在北京的合影。您留着做纪念吧。
Zuìhòu fùshang jǐ zhāng wǒmen zài Běijīng de héyǐng. Nín liúzhe zuò jìniàn ba.

并代我向您家人问好。
Bìng dài wǒ xiàng nín jiārén wènhǎo.

敬 祝
Jìng zhù

阖家康乐！
Hé jiā kānglè!

松田 奈美
Sōngtián Nàiměi

2015 年 12 月 5 日
Èr líng yī wǔ nián shí'èr yuè wǔ rì

> 会話ポイント　◆ メール、手紙の書き方

(1) 段落

改行したら2文字下げる。

(2) 名前につける敬称

先生 xiānsheng（男性）　女士 nǚshì（女性、目上の女性）　小姐 xiǎojie（若い女性、未婚の女性）

家族、恋人、親友などには、"亲爱的～ qīn'ài de"と言う言葉を付けたりする。

(3) 決まり表現

祝你生日快乐。Zhù nǐ shēngrì kuàilè.（誕生日おめでとうございます。）

新年快乐。／新年好。Xīnnián kuàilè. / Xīnnián hǎo.（明けましておめでとうございます。）

圣诞节快乐。Shèngdànjié kuàilè.（メリークリスマス。）

祝大家幸福、健康。Zhù dàjiā xìngfú、jiànkāng.（皆様のご多幸とご健康をお祈りいたします。）

祝你身体健康，万事如意。Zhù nǐ shēntǐ jiànkāng, wànshì rúyì.
（健康で、何事もうまくいきますように。）

祝你工作顺利。Zhù nǐ gōngzuò shùnlì.（お仕事の成功をお祈りします。）

阖家康乐！ Hé jiā kānglè!（ご家族のご健康とお幸せをお祈り申し上げます。）

近来 jìnlái（名）「最近、近ごろ」　日 rì（名）「〜日。書き言葉では普通"日"を使う。」　次 cì（量）「回数を表す」（这次 zhècì「今回」）　行程 xíngchéng（名）「道のり、行程」　遗憾 yíhàn（形）「残念な」　不过 búguò（接）「しかし」　因为 yīnwèi~, 所以 suǒyǐ…「〜なので…だ。」　特别 tèbié（副）「とくに」　愉快 yúkuài（形）「楽しい」　故宫 Gùgōng（名）「故宮」　长城 Chángchéng（名）「万里の長城」　颐和园 Yíhéyuán（名）「頤和園（いわえん）」　留（下）liú (xià)（動）「残しておく」　深 shēn（形）「（印象、影響が）強い」　印象 yìnxiàng（名）「印象」　小吃 xiǎochī（名）「一品料理、軽食」　难以忘怀 nányǐ wànghuái（成語）「忘れ難い」　机会 jīhuì（名）「機会」　皇宫 Huánggōng（名）「皇居」　中华街 zhōnghuájiē（名）「中華街」　等 děng「など」　最后 zuìhòu（名）「最後」　附（上）fù (shang)（動）「（〜に）付け加える」　合影 héyǐng（名）「一緒に撮った写真」　纪念 jìniàn（名）「記念」　并 bìng（接）「そして、また」　代 dài（動）「〜に代わる」　向 xiàng（前置）「〜に対して」　家人 jiārén（名）「家族、身内」　问好 wènhǎo（動）「よろしく言う」　敬祝 jìngzhù（動）「謹んで祝う」

71

その他の重要ポイント

　本文で学習できなかった重要ポイントです。２年目以降勉強を続ける方、検定試験を受験する方は学習しておきましょう。

1 "把 bǎ"「～を」

・主語＋ 把＋目的語 ＋動詞＋α（"了"、結果補語、動詞の重ね型、など）

・特定のヒト、モノ、出来事に何かしらの行為を加えたり、移動や変化したりする。

A：你 把 窗户 关好 了 吗？　　B：关好 了。
　　Nǐ bǎ chuānghu guānhǎo le ma?　　Guānhǎo le.
　　（窓をしっかり閉めましたか。）　　（閉めました。）

A：你 把 作业 做完 了 吗？　　B：还 没 做完。
　　Nǐ bǎ zuòyè zuòwán le ma?　　Hái méi zuòwán.
　　（宿題をやり終えましたか。）　　（まだやり終えていません。）

2 "得 de"と"不 bu"「可能、不可能を表す」

10課【4】、11課【3】のような言葉の間に、"得"を入れると可能「～できる」、"不"を入れると不可能「～できない」という意味を表す。

	"得 de"：可能「～できる」	"不 bu"：可能「～できる」
回来 huílái （帰ってくる）	回得来 huídelái （帰って来られる）	回不来 huíbulái （帰って来られない）
听懂 tīngdǒng （聞いて理解する）	听得懂 tīngdedǒng （聞いて理解できる）	听不懂 tīngbudǒng （聞いて理解できない）

A：我 迷路 了，回不去 了！　　B：你 在 那儿 等着，我 马上 过去 接 你。
　　Wǒ mílù le, huíbuqù le!　　Nǐ zài nàr děngzhe, wǒ mǎshàng guòqù jiē nǐ.
　　（道に迷って帰れなくなりました！）　　（そこで待ってて、すぐにそっちに迎えに行くから。）

3 A "被 bèi" B～ 「AはBに～される」

A: 我 被 女朋友 骂 了。　　B: 你 到底 干 什么 了？
　　Wǒ bèi nǚpéngyou mà le.　　　Nǐ dàodǐ gàn shénme le?
　（私は彼女に叱られました。）　　（あなたいったい何をしたの。）

A: 怎么 办！我 的 钱包 被 人 偷走 了！　　B: 你 冷静（一）点儿。
　　Zěnme bàn! Wǒ de qiánbāo bèi rén tōuzǒu le!　　Nǐ lěngjìng (yì) diǎnr.
　（どうしよう！財布を盗まれた！）　　（ちょっと落ち着いて。）

4 その他の表現

(1) "一边儿 yìbiānr A, 一边儿 B" 「AしながらBする」 "边 biān A, 边 B" とも言う。

A: 我 喜欢 一边儿 听 音乐, 一边儿 上 网。　　B: 我 也 是。
　　Wǒ xǐhuan yìbiānr tīng yīnyuè, yìbiānr shàng wǎng.　　Wǒ yě shì.
　（私は音楽を聴きながらインターネットをするのが好きです。）　　（私もです。）

(2) 连 lián A 也 B 「AさえもBだ」

A: 对不起, 我 来晚 了！　B: 你 来得 太 晚, 现在 连 点心 也 没 有 了。
　　Duìbuqǐ, wǒ láiwǎn le!　　Nǐ láide tài wǎn, xiànzài lián diǎnxīn yě méi yǒu le.
　（すみません、遅くなりました！）（来るのが遅すぎですよ、今はもうデザートすら無くなったよ。）

(3) 一点儿（＋目的語）也 不／没～ 「少しも～ない／なかった」

A: 这 种 水果 好吃 吗？　　B: 这 种 水果 一点儿 也 不 好吃。
　　Zhèi zhǒng shuǐguǒ hǎochī ma?　　Zhèi zhǒng shuǐguǒ yìdiǎnr yě bù hǎochī.
　（この果物は美味しいですか。）　　（この果物は全く美味しくないです。）

A: 你 脸色 不 太 好, 怎么 了？　B: 我 今天 一点儿 东西 也 没 吃。
　　Nǐ liǎnsè bú tài hǎo, zěnme le?　　Wǒ jīntiān yìdiǎnr dōngxi yě méi chī.
　（あなた顔色があまり良くないけど、どうしたの。）（今日何も食べてないのです。）

〈 関連語彙集 〉
●●● 語彙を増やして表現力アップ！●●●

第 5 課 自己紹介

1. 良く使う動詞

中国語	ピンイン	日本語
吃	chī	食べる
喝	hē	飲む
去	qù	行く
来	lái	来る
买	mǎi	買う
要	yào	いる、ほしい
看	kàn	見る、読む
学／学习	xué / xuéxí	学ぶ
说	shuō	言う、話す
听	tīng	聞く

2. 職業

中国語	ピンイン	日本語
学生	xuésheng	学生
大学生	dàxuéshēng	大学生
高中生	gāozhōngshēng	高校生
～年级	niánjí	～回生（年生）
～系	xì	～学部
老师	lǎoshī	先生
公司职员	gōngsī zhíyuán	会社員
医生	yīshēng	医者
司机	sījī	運転手
家庭主妇	jiātíngzhǔfù	主婦

第 6 課 約束、予定

3. 店、場所

中国語	ピンイン	日本語
饭馆 / 餐厅	fànguǎn / cāntīng	レストラン
饭店 / 酒店	fàndiàn / jiǔdiàn	ホテル
公园	gōngyuán	公園
机场	jīchǎng	空港
医院	yīyuàn	病院
便利店	biànlìdiàn	コンビニ
超市	chāoshì	スーパーマーケット
百货店	bǎihuòdiàn	百貨店
书店	shūdiàn	書店
洗手间 / 厕所	xǐshǒujiān / cèsuǒ	お手洗い

4. 日常の行動（1）

中国語	ピンイン	日本語
起床	qǐchuáng	起きる
睡觉	shuìjiào	寝る
洗澡	xǐzǎo	お風呂に入る
吃饭	chī fàn	ご飯を食べる
早饭 / 午饭 / 晚饭	zǎofàn / wǔfàn / wǎnfàn	朝食／昼食／夕食
回家	huí jiā	帰宅する
上学 / 放学	shàng xué / fàng xué	登校する／下校する
上班 / 下班	shàng bān / xià bān	出社する／退社する
工作	gōngzuò	働く
打工	dǎgōng	アルバイトをする

第 7 課 電話

5. 学校

中国語	ピンイン	日本語
学校	xuéxiào	学校
图书馆	túshūguǎn	図書館
办公室	bàngōngshì	事務室
教室	jiàoshì	教室
食堂	shítáng	食堂
校舍	xiàoshè	校舎
上 课	shàng kè	授業を始める、受ける
下 课	xià kè	授業が終わる
考试	kǎoshì	試験
第〜节	dì〜jié	〜限目

6. 日常の行動（2）

中国語	ピンイン	日本語
上网	shàng wǎng	インターネットをする
看 报	kàn bào	新聞を読む
看 电视	kàn diànshì	テレビを見る
看 电影	kàn diànyǐng	映画を見る
看 漫画	kàn mànhuà	漫画を読む
看 书	kàn shū	本を読む
打 电话	dǎ diànhuà	電話をする
听 音乐	tīng yīnyuè	音楽を聴く
做 作业	zuò zuòyè	宿題をする
打扫 房间	dǎsǎo fángjiān	部屋を掃除する

第 8 課 料理の注文

7. 料理

中国語	ピンイン	日本語
好吃	hǎochī	(食べ物)美味しい
北京烤鸭	Běijīng kǎoyā	北京ダック
水饺	shuǐjiǎo	水餃子
锅贴儿	guōtiēr	焼き餃子
小笼包	xiǎolóngbāo	小龍包
汤	tāng	スープ
(白)米饭	(bái) mǐfàn	白米
点心	diǎnxīn	点心
火锅	huǒguō	火鍋
自助餐	zìzhùcān	セルフ式の食事
点菜	diǎncài	料理を注文する

8. 飲み物

中国語	ピンイン	日本語
好喝	hǎohē	(飲み物)美味しい
热／冰 咖啡	rè / bīng kāfēi	ホット／アイス珈琲
(可口)可乐	(kěkǒu) kělè	コカコーラ
矿泉水	kuàngquánshuǐ	ミネラルウォーター
乌龙茶	wūlóngchá	ウーロン茶
红茶	hóngchá	紅茶
珍珠奶茶	zhēnzhū nǎichá	タピオカミルクティ
啤酒	píjiǔ	ビール
绍兴酒	shàoxīngjiǔ	紹興酒
红／白 葡萄酒	hóng / bái pútáo jiǔ	赤／白ワイン

第 9 課 観光

9. よく使う形容詞

中国語	ピンイン	日本語
大	dà	大きい、年上である
小	xiǎo	小さい、年下である
贵	guì	値段が高い
便宜	piányi	値段が安い
热	rè	暑い
冷	lěng	冷たい
甜	tián	甘い
辣	là	辛い
酸	suān	酸っぱい
苦	kǔ	苦い
高	gāo	(高さ、背が) 高い
低	dī	(高さが) 低い

10. お土産

中国語	ピンイン	日本語
土产	tǔchǎn	お土産
礼物	lǐwù	プレゼント
帽子	màozi	帽子
笔	bǐ	ペン
茶叶	cháyè	茶葉
蛋糕	dàngāo	お菓子
方便面	fāngbiànmiàn	カップラーメン
（抽）烟	(chōu) yān	タバコ（を吸う）
白酒	báijiǔ	アルコールの高い酒

第10課 道案内

11. 目印になる場所、道

中国語	ピンイン	日本語
车站（~站）	chēzhàn (~zhàn)	駅（~駅）
银行	yínháng	銀行
派出所	pàichūsuǒ	派出所
指南咨询	zhǐnánzīxún	サービスカウンター
红绿灯	hónglǜdēng	信号機
路	lù	道
十字路口	shízì lùkǒu	交差点
天桥	tiānqiáo	歩道橋
招牌	zhāopai	看板
大楼	dàlóu	ビル

12. 乗り物　「~に乗る」は"坐 zuò"。またがって乗るもの（自転車、バイクなど）は"骑 qí"。

中国語	ピンイン	日本語
坐 电车	zuò diànchē	電車に乗る
坐 火车	zuò huǒchē	汽車に乗る
坐 公交车 / 巴士	zuò gōngjiāochē / bāshi	バスに乗る
坐 出租车	zuò chūzūchē	タクシーに乗る
坐（汽）车	zuò (qì) chē	車に乗る
开（汽）车	kāi (qì) chē	車を運転する
坐 电梯	zuò diàntī	エレベーターに乗る
坐 扶梯	zuò fútī	エスカレーターに乗る
骑 自行车	qí zìxíngchē	自転車に乗る
骑 摩托车	qí mótuōchē	オートバイに乗る

第 11 課 ショッピング

13. 買い物

中国語	ピンイン	日本語
买 东西	mǎi dōngxi	買い物をする
现金	xiànjīn	現金
信用卡	xìnyòngkǎ	クレジットカード
免费	miǎnfèi	無料、ただ
试（试）	shì (shi)	（ちょっと）試着する
尝（尝）	cháng (chang)	（ちょっと）味見する
新的	xīn de	新品のもの
多少 钱	duōshao qián	いくらですか。
要	yào	いる
不 要	bú yào	いらない

14. 衣類

中国語	ピンイン	日本語
T 恤衫	T xùshān	Tシャツ
衬衫	chènshān	シャツ
大衣	dàyī	コート
西服	xīfú	スーツ
裤子	kùzi	ズボン
裙子	qúnzi	スカート
袜子	wàzi	靴下
牛仔裤	niúzǎikù	ジーパン
内衣	nèiyī	下着、肌着
内裤	nèikù	（下着の）パンツ
旗袍	qípáo	チャイナ服

第 12 課 パーティ

15. 言語

中国語	ピンイン	日本語
汉语 / 中文	Hànyǔ / Zhōngwén	中国語
日语 / 日文	Rìyǔ / Rìwén	日本語
英语 / 英文	Yīngyǔ / Yīngwén	英語
简体字 / 繁体字	jiǎntǐzì / fántǐzì	簡体字 / 繁体字
汉字	Hànzì	漢字
发音	fāyīn	発音
拼音	pīnyīn	ピンイン
声调	shēngdiào	声調
第～声	dì～shēng	第～声
难 / 简单	nán / jiǎndān	難しい / 簡単だ

16. 趣味

中国語	ピンイン	日本語
爱好	àihào	趣味
喜欢	xǐhuan	～が好きだ
打 棒球	dǎ bàngqiú	野球をする
打 网球	dǎ wǎngqiú	テニスをする
打 篮球	dǎ lánqiú	バスケットをする
打 乒乓球	dǎ pīngpāngqiú	卓球をする
踢 足球	tī zúqiú	サッカーをする
游泳	yóuyǒng	泳ぐ、水泳をする
弹 钢琴	tán gāngqín	ピアノを弾く
弹 吉他	tán jítā	ギターを弾く
玩（网络）游戏	wán (wǎngluò) yóuxì	（ネット）ゲームをする

ポ…ポイント
会…会話文
実践…実践

索 引

語彙	ピンイン	日本語	課

A

| 哎哟 | āiyō | （驚き）えっ | 9課会 |

B

吧	ba	①推量②催促、勧誘、提案	6課会
把	bǎ	(量)持ち手、取ってのあるもの	8課ポ
		～を	その他ポ
爸（爸爸）	bà(bàba)	父	1課
百	bǎi	百	8課ポ
百货（商）店	bǎihuò (shāng)diàn	百貨店	10課会
白色	báisè	白色	11課会
半	bàn	半	6課ポ
半（个）小时	bàn(ge)xiǎoshí	30分間	10課ポ
办公室	bàngōngshì	事務局	10課実践
帮	bāng	手伝う	9課会
棒	bàng	すごい	12課会
帮忙	bāngmáng	手伝う	10課会
棒球	bàngqiú	野球	12課ポ
抱歉	bàoqiàn	申し訳なく思う	12課会
杯	bēi	(量)～杯	3, 8課ポ
北海道	Běihǎidào	北海道	6課ポ
北京	Běijīng	北京	3課
北京烤鸭	Běijīng kǎoyā	北京ダック	9課ポ
北京人	Běijīngrén	北京出身	5課ポ
被	bèi	～される	その他ポ
本	běn	(量)冊	8課ポ
笔	bǐ	筆記用具	6課ポ
比	bǐ	～と比べて	11課ポ
遍	biàn	～回	7課会
便利店	biànlìdiàn	コンビニ	6課ポ
别	bié	(禁止)～するな	12課ポ
别的	biéde	別の、他の（もの、こと）	11課会
并	bìng	そして、また	特別会
冰的	bīng de	アイス、冷たいもの	8課ポ
冰咖啡	bīngkāfēi	アイスコーヒー	8課会
冰箱	bīngxiāng	冷蔵庫	12課ポ
不	bù	～でない	4, 5課ポ
部	bù	(量)映画を数える	9課ポ
不过	búguò	しかし	特別会
不好意思。	Bù hǎo yìsi.	恐縮です。	12課会
不客气。	Bú kèqi.	どういたしまして。	2, 5課
不舒服	bù shūfu	気分が悪い	11課ポ
不太	bú tài~	あまり～ではない	9課会
不谢。	Bú xiè.	どういたしまして。	2課
不行	bù xíng	だめ	11課ポ
不要	búyào	～するな	特別ポ
不用	búyòng	～しなくて良い	特別ポ
不用了。	Bú yòng le.	いりません。	11課会

C

才	cái	時間的に遅い気持ち	特別ポ
菜	cài	料理	8課会
茶	chá	お茶	4課
尝	cháng	味見をする	9課会
唱	chàng	歌う	12課ポ
长城	Chángchéng	万里の長城	特別会
炒饭	chǎofàn	チャーハン	5課ポ
炒青菜	chǎo qīngcài	青菜の炒め物	8課会
茶叶	cháyè	茶葉	4課
车	chē	車	12課ポ
车票	chēpiào	乗車券	8課ポ
车站	chēzhàn	駅	10課ポ
吃	chī	食べる	4, 5課ポ
尺寸	chǐcun	サイズ	11課会
冲绳	Chōngshéng	沖縄	8課ポ
抽烟	chōu yān	タバコを吸う	12課ポ
出	chū	出る	10課ポ
穿	chuān	着る	12課会
出差	chūchāi	出張する	特別ポ
出门	chūmén	出かける	11課ポ
窗户	chuānghu	窓	その他ポ
次	cì	回数を表す	4, 特別会
词典	cídiǎn	辞書	4課
从～	cóng~	～から	10課ポ

D

打	dǎ	(電話を)する	7課ポ
		(球技を)する	12課ポ
大	dà	大きい	11課会
大阪	Dàbǎn	大阪	7課ポ
大杯	dàbēi	大きいサイズ（のカップ）	8課ポ
打工	dǎgōng	アルバイトをする	6課会
大号	dàhào	Lサイズ	11課実践
大家	dàjiā	みなさん	5課実践
大楼	dàlóu	ビル	10課会
大学	dàxué	大学	5課実践
戴	dài	身につける	12課ポ
带	dài	持っている	10課ポ
代	dài	代わって	特別会
带走	dàizǒu	持ちかえる	8課ポ
刀	dāo	刃物	8課ポ
到	dào	到着する、着く	7課会
		～まで	10課ポ
		到達する	11課ポ
到底	dàodǐ	いったい	その他ポ
的	de	～の	5課会
得多	de duō	（～に比べて）ずっと～だ	11課ポ
得	děi	(必然的、強制的)～しなければならない	特別ポ
等	děng	待つ	7課会
等等	děngděng	など	特別会
第～节	dì~jié	～限目	特別ポ
弟弟	dìdi	弟	1課
迪士尼乐园	Díshìní lèyuán	ディズニーランド	9課実践
点	diǎn	時	6課ポ
		注文する	8課会
电话	diànhuà	電話	7課ポ

电脑	diànnǎo	パソコン	6課ポ
电视	diànshì	テレビ	4, 7課ポ
电视剧	diànshìjù	テレビドラマ	7課ポ
点心	diǎnxīn	デザート	その他ポ
电影	diànyǐng	映画	8課ポ
顶	dǐng	（量）帽子などを数える	特別ポ
懂	dǒng	分かる、理解する	11課ポ
东京晴空塔	Dōngjīng qíngkōng tǎ	東京スカイツリー	9課会
东京	Dōngjīng	東京	10課ポ
东西	dōngxi	もの	7課ポ
都	dōu	みんな、ともに～	5課ポ
豆浆	dòujiāng	豆乳	8課ポ
短	duǎn	短い	特別会
对	duì	その通り	3, 5課ポ
		～に	7課ポ
对～来说	duì~lái shuō	～にとって	12課会
对不起	Duìbuqǐ.	すみません。	2, 6課会
对面儿	duì miànr	真向かい	10課会
多	duō	多い	9課ポ
多+形容詞	duō	どのくらい～だ	11課ポ
多了	duō le	（～に比べて）ずっと～だ	11課ポ
多长时间	duōcháng shíjiān	（時間）どのくらい	10課ポ
多大	duōdà	（年齢）いくつ	6課ポ
多少	duōshao	（数）どのくらい	7課会
多少钱?	duōshao qián	（値段）いくら	8課ポ

E

饿	è	お腹がすく	1課

F

法律	fǎlǜ	法律	7課ポ
饭	fàn	ご飯	4, 9課ポ
房间	fángjiān	部屋	7課会
飞	fēi	飛ぶ	3課
非常	fēicháng	非常に	9課ポ
分	fēn	分（時間）	6課ポ
		分（貨幣単位）	8課ポ
份	fèn	～人前	8課会
～分钟	fēn zhōng	～分間	10課ポ
附（上）	fù (shang)	（～に）付け加える	特別会
附近	fùjìn	付近	7課ポ
父母	fùmǔ	両親	5課ポ
服务员	fúwùyuán	従業員、店員	8課会

G

干	gàn	～をする	7課会
感兴趣	gǎn xìngqù	興味がある	7課ポ
感动	gǎndòng	感動する	特別ポ
感冒	gǎnmào	風邪を引く	11課ポ
刚刚	gānggāng	さっき	特別ポ
钢琴	gāngqín	ピアノ	特別ポ
高	gāo	高い	9課会
糕点	gāodiǎn	お菓子	9課会
告诉	gàosu	告げる	12課ポ
高兴	gāoxìng	うれしい	5課会
高中	gāozhōng	高校	5課実践
个	ge	（量）①個②人を数える	6課ポ
哥哥	gēge	兄	1課
～个月	ge yuè	～ヶ月間	10課ポ
个子	gèzi	身長	11課ポ
给	gěi	～に	7課ポ
		あげる	12課ポ
跟	gēn	～と	11課ポ
歌儿	gēr	歌	4, 12課ポ
公司	gōngsī	会社	5課ポ
公司职员	gōngsī zhíyuán	会社員	5課ポ
故宫	Gùgōng	故宮	特別会
拐	guǎi	曲がる	10課会
关	guān	閉める	その他ポ
贵	guì	高い	3, 9課ポ
贵姓	guìxìng	お名前	5課会
过	guo	～したことがある	9課ポ
过	guò	通り過ぎる、渡る	10課ポ
过去	guòqù	あっちに行く	10課ポ
过奖了。	Guòjiǎngle.	褒め過ぎです。	12課
过来	guòlái	こっちに来る	10課ポ
锅贴儿	guōtiēr	焼き餃子	8課会

H

还	hái	さらに、その上	8課会
		まだ	9課ポ
还差得远呢。	Hái chàde yuǎn ne.	まだまだです。	12課会
还可以	háikěyǐ	まあまあ	3課
还是	háishi	それとも	8課ポ
韩国	Hánguó	韓国	10課ポ
韩国人	Hánguórén	韓国人	5課ポ
汉语	Hànyǔ	中国語	4, 6課実践
汉字	Hànzì	漢字	4課
号	hào	日	4, 6課ポ
好	hǎo	良い	3, 6課会
		完成、満足な状態になる	11課ポ
号（码）	hào (mǎ)	番号	7課会
好吃	hǎochī	（食べ物）美味しい	9課ポ
好吗	hǎo ma	～でいいですか	6課ポ
好喝	hǎohē	おいしい	9課ポ
好好儿	hǎohāor	しっかり	11課
好久不见。	Hǎojiǔbújiàn.	お久しぶりです。	5課会
好看	hǎokàn	美しい、きれいである	11課会
好的	hǎo de	わかりました、かしこまりました	8課会
好听	hǎotīng	美しい、きれいである	12課会
喝	hē	飲む	5課ポ
和	hé	～と	8課ポ
阖家康乐！	Hé jiā kānglè!	ご家族のご健康とお幸せをお祈り申し上げます。	特別会
黑	hēi	黒	4課
黑色	hēisè	黒色	11課会
很	hěn	とても	3, 9課ポ
合影	héyǐng	一緒に撮った写真	特別会

横浜	Héngbīn	横浜	特別会
红茶	hóngchá	紅茶	8課ポ
红绿灯	hónglǜdēng	信号機	10課会
红色	hóngsè	赤色	10課会
后	hòu	後	10課会
后边儿	hòubianr	後ろ	10課会
后面	hòumiàn	後ろ	10課会
后天	hòutiān	明後日	3課
互相	hùxiāng	互いに	12課会
话	huà	話	11課ポ
还	huán	返す	12課ポ
画儿	huàr	絵	4課
皇宫	Huánggōng	皇居	特別会
黄色	huángsè	黄色	11課会
欢迎光临	huānyíng guānglín	いらっしゃいませ	8課会
回	huí	もどる	10課ポ
会	huì	～できる	3, 12課ポ
回家	huí jiā	家に帰る	6課ポ
火锅	huǒguō	火鍋	8課ポ

J

机场	jīchǎng	空港	4課
机会	jīhuì	機会	特別会
家	jiā	家	5課会
		（量）家を数える	10課会
家人	jiārén	家族、身内	特別会
件	jiàn	（量）服を数える	8課ポ
健康	jiànkāng	健康	特別会
见面	jiànmiàn	会う	7課ポ
教	jiāo	教える	12課ポ
叫	jiào	～と申します	5課会
		～させる	特別ポ
教室	jiàoshì	教室	10課ポ
角	jiǎo	角（貨幣単位）	8課ポ
接	jiē	出迎える	その他ポ
借	jiè	借りる、貸す	9課ポ
姐姐	jiějie	姉	1, 6課ポ
介绍	jièshào	紹介する	9課会
结束	jiéshù	終わる	7課会
进	jìn	入る	10課ポ
近	jìn	近い	10課ポ
纪念	jìniàn	記念	特別会
近来	jìnlái	最近、近ごろ	特別会
今天	jīntiān	今日	3課
敬祝	jìngzhù	謹んで祝う	特別会
久	jiǔ	時間がたっている	特別ポ
就	jiù	すぐに	9課ポ
		強調	9課会
		時間的に早い気持ち	10課会
几	jǐ	いくつ、いくら	3課
几位	jǐwèi	何名様	8課会
橘子	júzi	みかん	4課
觉得	juéde	思う	11課会

K

咖啡	kāfēi	コーヒー	5課ポ
开	kāi	開く	12課ポ
开始	kāishǐ	始まる	10課ポ
看	kàn	見る	7課ポ
刻	kè	15分	6課ポ
课	kè	授業	6課ポ
（可口）可乐	(kěkǒu)kělè	コカコーラ	4, 5課ポ
可以	kěyǐ	～できる	12課ポ
空儿	kòngr	ひま	4, 6課会
裤子	kùzi	ズボン	8課ポ
块	kuài	元	8課ポ
快	kuài	速い	12課ポ
快～了	kuài~le	もうすぐ～になる	7課会
快要～了	kuàiyào~le	もうすぐ～になる	7課会

L

辣	là	辛い	9課ポ
拉面	lāmiàn	ラーメン	10課会
来	lái	来る	6課会
来+動詞	lái	自ら積極的に何かをする	9課会
蓝色	lánsè	青色	11課会
姥姥	lǎolao	（母方）祖母	1課
老师	lǎoshī	先生	10課ポ
老爷	lǎoye	（母方）祖父	1課
了	le	完了を表す	9課ポ
		変化を表す	11課ポ
冷静	lěngjìng	冷静である	その他ポ
累	lèi	疲れる	3課
冷	lěng	冷たい、寒い	9課ポ
～离…	lí	～から、…まで	10課ポ
里边儿	lǐbianr	中	10課ポ
里面	lǐmiàn	中	10課会
脸色	liǎnsè	顔色	その他ポ
连～也…	lián～yě…	～さえも…だ	その他ポ
两	liǎng	2	6課ポ
厉害	lìhai	すごい	12課会
林	lín	林	4課
零	líng	ゼロ	1, 8課ポ
留（下）	liú (xià)	（～に）残しておく	特別会
留学生	liúxuéshēng	留学生	5課会
礼物	lǐwù	プレゼント	12課ポ
楼	lóu	階	7課ポ
路	lù	道	8課ポ
乱花钱	luàn huā qián	無駄遣いをする	特別ポ
绿色	lǜsè	緑色	11課会

M

吗	ma	～ですか	5課ポ
妈（妈妈）	mā(māma)	母	1課
麻	má	麻	1課
马	mǎ	馬	1課
骂	mà	罵る	1課

买	mǎi	買う	4, 6課ポ
卖	mài	売る	11課会
买单	mǎidān	お会計をする	8課会
毛	máo	角	8課ポ
毛衣	máoyī	セーター	8課ポ
帽子	màozi	帽子	12課ポ
马上	mǎshàng	すぐ	10課ポ
没	méi	過去の否定	6課ポ
没关系。	Méi guānxi.	気にしないで。	2課
没问题。	Méi wèntí.	問題ないです。	6課会
妹妹	mèimei	妹	1課
美国	Měiguó	アメリカ	4課
每天	měitiān	毎日	6課ポ
门	mén	ドア	12課ポ
迷路	mílù	道に迷う	その他ポ
米	mǐ	メートル	12課ポ
面	miàn	麺類	3課
面包	miànbāo	パン	8課ポ
密码	mìmǎ	暗証番号、パスワード	7課会
名片	míngpiàn	名刺	12課会
明天	míngtiān	明日	3課
明星	míngxīng	スター	12課ポ
名字	míngzi	名前	5課会

N

哪	nǎ	どこ	5課ポ
那	nà	それじゃあ、では	6課会
		あれ	8課ポ
那个	nàge/nèige	あれ、あの	8課ポ
哪个	nǎge/něige	どれ、どの	5課実践
哪国人	nǎguórén	どこの国の人	5課ポ
那里	nàli	そこ	7課ポ
哪里	nǎli	どこ	7課ポ
哪里 哪里。	Nǎli nǎli.	いえいえ	12課会
那么	nàme	それじゃあ、では	6課会
		あのように	11課ポ
奶奶	nǎinai	（父方）祖母	1課
难	nán	難しい	12課会
难以忘怀	nányǐ wànghuái	忘れ難い	特別会
那儿	nàr	そこ	7課ポ
哪儿	nǎr	どこ	5課会
呢	ne	～は？	6課会
		～している	7課会
能	néng	～できる	12課ポ
你	nǐ	あなた	5課ポ
你好。	Nǐ hǎo.	こんにちは。	1, 5課会
你们	nǐmen	あなたたち	5課ポ
年	nián	年、年間	4, 10課ポ
您	nín	"你"の敬称	5課ポ
女朋友	nǚpéngyou	ガールフレンド	その他ポ
女士	nǚshì	（女性、年上）～さん	特別会

P

怕	pà	怖い	4課
爬山	pá shān	山に登る	11課ポ
排	pái	並ぶ	12課ポ
旁边儿	pángbiānr	そば、隣	10課会
跑	pǎo	走る	10課ポ
朋友	péngyou	友達	6課会
便宜	piányi	安い	9課ポ
票	piào	チケット、切符	3, 8課ポ
漂亮	piàoliang	綺麗である、美しい	9課会
啤酒	píjiǔ	ビール	8課ポ
瓶	píng	（量）ビンを数える	8課ポ
苹果	píngguǒ	リンゴ	8課ポ

Q

起	qǐ	起きる	10課ポ
起床	qǐchuáng	起きる	6課実践
钱	qián	お金	3, 8課ポ
前	qián	前	10課会
千	qiān	千	8課ポ
钱包	qiánbāo	財布	11課ポ
前边儿	qiánbianr	前	10課会
浅草	Qiǎncǎo	浅草	9課会
前天	qiántiān	おとといi	3課
茄子	qiézi	ナス	9課会
亲爱的	qīn'ài de	親愛なる	特別会
请	qǐng	どうぞ	3課
请等一下。	Qǐng děng yíxià.	ちょっと待ってください。	7課会
请多指教。	Qǐng duō zhǐjiào.	どうぞよろしくお願いします。	12課会
请稍等。	Qǐng shāo děng.	少々お待ちください。	8課会
请问	qǐngwèn	すみません、お尋ねします	7課ポ
请再说一遍。	Qǐng zài shuō yíbiàn.	もう一度言ってください。	7課会
请坐。	Qǐngzuò.	お座りください。	3課
去	qù	行く	4, 5課ポ
裙子	qúnzi	スカート	8課ポ

R

让	ràng	～させる	特別ポ
热	rè	熱い、暑い	9課ポ
热的	rè de	ホット、熱い、あたたかいもの	8課ポ
热咖啡	rè kāfēi	ホットコーヒー	8課ポ
人	rén	人	7課ポ
认识	rènshi	知る	5課会
日	rì	日	特別会
日本	Rìběn	日本	3課
日本人	Rìběnrén	日本人	4, 5課ポ
日币	rìbì	円	8課ポ
日语	Rìyǔ	日本語	12課ポ
日元	rìyuán	円	8課ポ

S

三明治	sānmíngzhì	サンドウィッチ	8課会
山	shān	山	4課

上	shàng	上、上がる	4, 10 課ポ
上边儿	shàngbianr	上	10 課会
上课	shàng kè	授業をする、授業を受ける	6 課ポ
上个月	shàng ge yuè	先月	特別ポ
上面	shàng miàn	上	10 課会
上午	shàngwǔ	午前	6 課ポ
上网	shàngwǎng	インターネットをする	その他ポ
上星期	shàngxīngqī	先週	9 課会
上衣	shàngyī	上着	12 課会
谁	shéi	誰	12 課ポ
深	shēn	（印象、影響が）強い	特別会
神户	Shénhù	神戸	6 課ポ
圣诞节	shèngdànjié	クリスマス	特別会
圣诞节快乐。	Shèngdànjié kuàilè.	メリークリスマス。	特別会
生日	shēngrì	誕生日	12 課ポ
什么	shénme	何	5 課ポ
什么时候	shénme shíhou	いつ	6 課ポ
是	shì	～です	5 課ポ
是啊	shì a	そうですよ	5 課ポ
是吗	shì ma	そうですか、そうなんだ	6 課会
事儿	shìr	用事、こと	4, 8 課ポ
食堂	shítáng	食堂	7 課ポ
时装	shízhuāng	ファッション	7 課ポ
十字路口	shízì lùkǒu	十字路	10 課会
手表	shǒubiǎo	腕時計	4 課
手机	shǒujī	携帯電話	5 課会
寿司	shòusī	寿司	9 課実践
书	shū	本	5 課会
书店	shūdiàn	本屋	6 課会
舒服	shūfu	気持ちが良い	11 課ポ
睡	shuì	寝る	10 課会
水果	shuǐguǒ	果物	その他ポ
睡觉	shuìjiào	寝る	6 課ポ
水饺	shuǐjiǎo	水餃子	8 課会
暑假	shǔjià	夏休み	特別ポ
顺利	shùnlì	順調	特別会
说	shuō	話す	7 課会
送	sòng	送る	12 課ポ
岁	suì	歳	6 課ポ

T

T恤衫	T xùshān	Tシャツ	9 課ポ
他	tā	彼	5 課ポ
她	tā	彼女	5 課ポ
太～了	tài～le	とても～だ	9 課ポ
台北	Táiběi	台北（台湾の首都）	特別ポ
台湾	Táiwān	台湾	8 課ポ
他们	tāmen	彼ら	5 課ポ
她们	tāmen	彼女ら	5 課ポ
弹	tán	弾く	特別ポ
特别	tèbié	特に	特別会
甜	tián	甘い	9 課会
～天	tiān	～日間	10 課ポ
天气	tiānqì	天気	11 課ポ
条	tiáo	（量）細長いものを数える	8 課ポ
听	tīng	聞く	11 課ポ
停	tíng	停まる	12 課ポ
偷	tōu	盗む	その他ポ
同学	tóngxué	①～さん（同級生の名前につける）②同級生	5 課会
图书馆	túshūguǎn	図書館	5 課会

W

外边儿	wàibianr	外	10 課会
外面	wàimiàn	外	10 課会
完	wán	終わる	11 課ポ
玩儿	wánr	遊ぶ	4, 6 課会
万	wàn	万	8 課ポ
晚	wan	遅い	その他ポ
晚饭	wǎnfàn	夕食	6 課会
往	wǎng	～へ	10 課会
忘	wàng	忘れる	10 課ポ
晚上	wǎnshang	夜	6 課ポ
万事如意	wànshì rúyì	何事もうまくいく	特別会
喂	wéi	もしもし	4, 7 課ポ
味儿	wèir	味	4 課
为什么	wèishénme	なぜ	10 課ポ
问	wèn	問う	12 課ポ
问好	wènhǎo	よろしく言う	特別会
我	wǒ	わたし	4, 5 課ポ
我们	wǒmen	私たち	5 課ポ
午饭	wǔfàn	昼食	6 課ポ
无线 网络	wúxiàn wǎngluò	無線LAN	7 課会

X

喜欢	xǐhuan	好き	その他ポ
下	xià	下、おりる	10 課ポ
下班	xiàbān	仕事が終わる	9 課ポ
下边儿	xiàbianr	下	10 課会
下课	xiàkè	授業が終わる	6 課ポ
下面	xiàmiàn	下	10 課会
下星期	xiàxīngqī	来週	9 課ポ
先	xiān	先ず、先に	3, 10 課ポ
想	xiǎng	～したい	8 課ポ
像	xiàng	似ている	12 課ポ
向	xiàng	～に	特別会
香港	Xiānggǎng	香港	10 課会
先生	xiānsheng	（男性）～さん	7 課ポ
现在	xiànzài	現在	6 課ポ
小	xiǎo	～くん、～さん、ちゃん	12 課ポ
笑	xiào	笑う	9 課会
小杯	xiǎo bēi	小さいサイズ（のカップ）	8 課会
小吃	xiǎochī	一品料理、軽食	特別会
小孩儿	xiǎoháir	子供	4 課
小号	xiǎo hào	Sサイズ	11 課実践
小姐	xiǎojie	（女性）～さん	12 課ポ
小卖部	xiǎomàibù	売店	10 課実践
校舍	xiàoshè	校舎	10 課実践
～（个）小时	(ge)xiǎoshí	～時間	10 課ポ

下午	xiàwǔ	午後	6課ポ
下雨	xiàyǔ	雨が降る	11課ポ
写	xiě	書く	5課会
谢谢	xièxie	ありがとう	2,5課会
谢谢光临	xièxie guānglín	ご来店ありがとうございました	8課会
行	xíng	よろしい、大丈夫だ	6課会
姓	xìng	名字は～である	5課会
星巴克咖啡	Xīngbākè kāfēi	スターバックスコーヒー	5課ポ
行程	xíngchéng	道のり、行程	特別会
幸福	xìngfú	幸せ	特別会
～(个)星期	(ge)xīngqī	～週間	10課ポ
星期～	xīngqī	～曜日	3課
辛苦了。	Xīnkǔ le.	お疲れさまです。	特別ポ
新年	xīnnián	新年	特別会
新年好。	Xīnnián hǎo.	明けましておめでとう。	特別会
新年快乐	Xīnnián kuàilè.	明けましておめでとう。	特別会
兄弟姐妹	xiōngdì jiěmèi	兄弟姉妹	6課ポ
洗手间	xǐshǒujiān	お手洗い	7課ポ
休息	xiūxi	休む	3,9課会
需要	xūyào	必要とする	10課会
学	xué	勉強する	4,7課ポ
雪碧	xuěbì	スプライト	8課ポ
学生	xuésheng	学生	5課ポ
学习	xuéxí	勉強する	7課ポ
学校	xuéxiào	学校	3課基礎,5課会

y

眼睛	yǎnjing	目	4課
眼镜	yǎnjìng	メガネ	4課
颜色	yánsè	色	11課会
要	yào	いる	3,5課ポ
		～したい	8課ポ
		時間がかかる	10課ポ
		（自発的）～しなければならない	特別ポ
要～了	yào~le	もうすぐ～になる	7課会
也	yě	～も	5課ポ
页	yè	ページ	4課
爷爷	yéye	（父方）祖父	1課
一边儿～一边儿…	yìbiānr~yìbiānr...	～しながら…する その他ポ
一个	yí ge	1人	6課ポ
一个半小时	yí ge bàn xiǎoshí	一時間半	10課ポ
一点儿	yìdiǎnr	少し	4,11課ポ
一定	yídìng	必ず	特別ポ
衣服	yīfu	服	8課ポ
一共	yígòng	全部で	8課ポ
遗憾	yíhàn	残念な	特別会
颐和园	Yíhéyuán	頤和園	特別会
以后	yǐhòu	今後	7課会
已经	yǐjing	もう、すでに	11課ポ
椅子	yǐzi	椅子	8課ポ
饮料	yǐnliào	飲み物	6課ポ
因为～所以…	yīnwèi~suǒyǐ...	～なので…だ	特別会
印象	yìnxiàng	印象	特別会
音乐	yīnyuè	音楽	4課
一起	yìqǐ	一緒に	4課
一下	yíxià	ちょっと～する	7課会
一样	yíyàng	同じ	4,11課ポ
一直	yìzhí	まっすぐに、ずっと	4,10課ポ
游	yóu	泳ぐ	12課ポ
右	yòu	右	10課会
又	yòu	また	特別ポ
有	yǒu	持っている、ある	6課ポ
		～にある、～にいる	7課ポ
有事	yǒu shì	用がある	6課ポ
右边儿	yòubianr	右	10課会
有点儿	yǒudiǎnr	少し	11課ポ
邮局	yóujú	郵便局	7課ポ
邮票	yóupiào	切手	8課ポ
有名	yǒumíng	有名な	9課会
鱼	yú	魚	8課ポ
雨	yǔ	雨	1課
预报	yùbào	予報	11課ポ
愉快	yúkuài	楽しい	特別会
雨伞	yǔsǎn	傘	8課ポ
元	yuán	元（貨幣単位）	8課ポ
远	yuǎn	遠い	10課ポ
月	yuè	月	4,6課ポ

z

杂志	zázhì	雑誌	6課ポ
在	zài	①～している	7課ポ
		②～にある、～にいる	7課ポ
		③～で	7課ポ
再	zài	また、もう一度	7課会
再见。	Zàijiàn.	さようなら。	1課
咱们	zánmen	私たち	5課ポ
早	zǎo	早い	特別ポ
早饭	zǎofàn	朝食	6課実践
早上	zǎoshang	朝	6課ポ
怎么	zěnme	どのように	5課会
		どうして	12課ポ
怎么办	zěnmebàn	どうする	11課ポ
怎么了	zěnme le	どうしたの	6課会
怎么样	zěnmeyàng	どうですか	3,6課会
站	zhàn	～駅	7課ポ
长	zhǎng	成長する	12課ポ
张	zhāng	(量)平面の目立つものを数える	8課ポ
找	zhǎo	探す	10課会
照(张)相	zhào(zhāng)xiàng	写真を撮る	9課会
着	zhe	～している	12課ポ
折	zhé	～掛け	11課ポ
这	zhè	これ	7課ポ
这边儿	zhèbianr	こちら	8課ポ
这次	zhèicì	今回	特別会
这个	zhège/zhèige	これ、この	8課ポ
这里	zhèli	ここ	7課ポ
这么	zhème	このように	5課ポ
		こんなに	9課会

87

真	zhēn	本当に、とても	9課ポ
正（在）	zhèng(zài)	～している	7課ポ
这儿	zhèr	ここ	7課ポ
纸	zhǐ	紙	8課ポ
只	zhǐ	わずか、だけ	10課会
知道	zhīdao	知っている	10課会
知识	zhīshi	知識	4課
种	zhǒng	（量）種類	11課会
中杯	zhōngbēi	中サイズ（のカップ）	8課実
中国	Zhōngguó	中国	3,5課ポ
中国人	Zhōngguórén	中国人	5課ポ
中号	zhōng hào	Mサイズ	11課実践
中华街	zhōnghuájiē	中華街	特別会

祝大家幸福、健康。 Zhù dàjiā xìngfú, jiànkāng.
　　　皆様のご多幸とご健康をお祈りいたします。 特別会
祝你工作顺利。 Zhù nǐ gōngzuò shùnlì.
　　　　　　お仕事の成功をお祈りします。 特別会
祝你生日快乐。 Zhù nǐ shēngrì kuàilè.
　　　　　　　お誕生日おめでとう。 特別会
祝你身体健康,万事如意。Zhù nǐ shēntǐ jiànkāng, wànshì rúyì.
　　　　健康で、何事もうまくいきますように。 特別会

招牌	zhāopai	看板	10課会
桌子	zhuōzi	机	8課ポ
自己	zìjǐ	自分自身	4,6課ポ
走	zǒu	歩く、行く	6課会
足球	zúqiú	サッカー	4課
最后	zuìhòu	最後	特別会
最近	zuìjìn	最近	3課
座	zuò	（量）ビルを数える	10課会
坐	zuò	座る	3課
做	zuò	する	特別ポ
做菜	zuò cài	料理をする	12課ポ
左边儿	zuǒbianr	左	10課会
昨天	zuótiān	昨日	3,6課ポ
作业	zuòyè	宿題	その他ポ
左右	zuǒyòu	くらい、前後	10課ポ

著 者
  飯塚　君穂（近畿大学経営学部）
  阿部慎太郎（近畿大学法学部）

表紙デザイン
  (株)欧友社

できる！中国語

2015 年 1 月 9 日　初版発行
2025 年 2 月 20 日　第 7 刷発行

著 者　©飯塚　君穂
　　　　阿部慎太郎
発行者　福岡正人
発行所　株式会社　金星堂

〒101-0051　東京都千代田区神田神保町 3-21
Tel. 03-3263-3828　Fax. 03-3263-0716
E-mail：text@kinsei-do.co.jp
URL：http://www.kinsei-do.co.jp

編集担当　川井義大　　　　　　　　　2-00-0695
組版／株式会社欧友社　印刷・製本／倉敷印刷株式会社

本書の無断複製・複写は著作権法上での例外を除き禁じられています。本書を代行業者等の第三者に依頼してスキャンやデジタル化することは、たとえ個人や家庭内の利用であっても認められておりません。
乱丁・落丁本はお取り替えいたします。
KINSEIDO, 2015, Printed in Japan
ISBN978-4-7647-0695-8 C1087

中国語音節表

声母\韻母		a	o	e	-i[ʅ]	-i[ɿ]	er	ai	ei	ao	ou	an	en	ang	eng	-ong	i[i]	ia	iao	ie
																				介音なし →			i[i]...
	ゼロ	a	o	e			er	ai	ei	ao	ou	an	en	ang	eng		yi	ya	yao	ye
唇音	b	ba	bo					bai	bei	bao		ban	ben	bang	beng		bi		biao	bie
	p	pa	po					pai	pei	pao	pou	pan	pen	pang	peng		pi		piao	pie
	m	ma	mo	me				mai	mei	mao	mou	man	men	mang	meng		mi		miao	mie
	f	fa	fo						fei		fou	fan	fen	fang	feng					
舌尖音	d	da		de				dai	dei	dao	dou	dan	den	dang	deng	dong	di		diao	die
	t	ta		te				tai		tao	tou	tan		tang	teng	tong	ti		tiao	tie
	n	na		ne				nai	nei	nao	nou	nan	nen	nang	neng	nong	ni		niao	nie
	l	la		le				lai	lei	lao	lou	lan		lang	leng	long	li	lia	liao	lie
舌根音	g	ga		ge				gai	gei	gao	gou	gan	gen	gang	geng	gong				
	k	ka		ke				kai	kei	kao	kou	kan	ken	kang	keng	kong				
	h	ha		he				hai	hei	hao	hou	han	hen	hang	heng	hong				
舌面音	j																ji	jia	jiao	jie
	q																qi	qia	qiao	qie
	x																xi	xia	xiao	xie
そり舌音	zh	zha		zhe	zhi			zhai	zhei	zhao	zhou	zhan	zhen	zhang	zheng	zhong				
	ch	cha		che	chi			chai		chao	chou	chan	chen	chang	cheng	chong				
	sh	sha		she	shi			shai	shei	shao	shou	shan	shen	shang	sheng					
	r			re	ri					rao	rou	ran	ren	rang	reng	rong				
舌歯音	z	za		ze		zi		zai	zei	zao	zou	zan	zen	zang	zeng	zong				
	c	ca		ce		ci		cai		cao	cou	can	cen	cang	ceng	cong				
	s	sa		se		si		sai		sao	sou	san	sen	sang	seng	song				

介音 i						介音 u									介音 ü			
iou	ian	in	iang	ing	iong	u	ua	uo	uai	uei	uan	uen	uang	ueng	ü	üe	üan	ün
you	yan	yin	yang	ying	yong	wu	wa	wo	wai	wei	wan	wen	wang	weng	yu	yue	yuan	yun
	bian	bin		bing		bu												
	pian	pin		ping		pu												
miu	mian	min		ming		mu												
						fu												
diu	dian			ding		du		duo		dui	duan	dun						
	tian			ting		tu		tuo		tui	tuan	tun						
niu	nian	nin	niang	ning		nu		nuo			nuan				nü	nüe		
liu	lian	lin	liang	ling		lu		luo			luan	lun			lü	lüe		
						gu	gua	guo	guai	gui	guan	gun	guang					
						ku	kua	kuo	kuai	kui	kuan	kun	kuang					
						hu	hua	huo	huai	hui	huan	hun	huang					
jiu	jian	jin	jiang	jing	jiong										ju	jue	juan	jun
qiu	qian	qin	qiang	qing	qiong										qu	que	quan	qun
xiu	xian	xin	xiang	xing	xiong										xu	xue	xuan	xun
						zhu	zhua	zhuo	zhuai	zhui	zhuan	zhun	zhuang					
						chu	chua	chuo	chuai	chui	chuan	chun	chuang					
						shu	shua	shuo	shuai	shui	shuan	shun	shuang					
						ru	rua	ruo		rui	ruan	run						
						zu		zuo		zui	zuan	zun						
						cu		cuo		cui	cuan	cun						
						su		suo		sui	suan	sun